LES PLUS IMPORTANS

MÉMOIRES

ADRESSÉS

AUX ROIS DE FRANCE,

LOUIS XVIII ET CHARLES X;

PAR PAUL LACOSTE,

En lesquels est déclarée une grande révélation dite de 1807, avec les Lettres qui ont été écrites à cet égard à des Évêques de France, à des Ministres d'état, à des Membres de la Chambre des Pairs et des Députés, etc.;

Et les Réponses faites à l'auteur, avec les Discours et Discussions y relatives qui ont eu lieu à la Chambre des Députés, dans le mois de mai 1826, à Paris.

A PARIS,

CHEZ LES MARCHANDS DE NOUVEAUTÉS.

1826.

LES PLUS IMPORTANS

MÉMOIRES

ADRESSÉS

AUX ROIS DE FRANCE,

LOUIS XVIII ET CHARLES X.

A M. le Préfet du département du Lot, à Cahors.

Jouau, le 4 janvier 1826.

M. le Préfet,

J'ai l'honneur de vous faire savoir que j'adressai à M. de Saint-Leu, votre prédécesseur, un mémoire de la plus haute importance, dont une copie fut présentée en l'année suivante à S. M. Louis XVIII, après qu'il en eut été fait connaître à plusieurs évêques de France. Je vous transmets aujourd'hui un manuscrit qui fait suite dudit mémoire et de la même grande révélation de 1807, appuyé sur les divers points qui y sont extraits de l'Évangile, et sur l'évidence des autres vérités là même exposées. Le tout exige que le gouvernement soit instruit dudit manuscrit; je désire qu'il lui soit transmis, M. le Préfet, de votre part.

En ma lettre au grand-maître de l'Université de

France, évêque d'Hermopolis, en date du 27 juillet 1824, il lui fut dit en propres termes: Si des prêtres trouvaient qu'il ne fût pas utile que Dieu accomplît ses promesses en ce qu'il a été dit par Jésus-Christ, que le royaume d'Israël sera rétabli (Actes, chap. 1er.), qu'ils réfléchissent sur les diversités des religions. On ne peut douter qu'il n'y ait plus des trois quarts de la population des quatre parties du monde qui sont idolâtres ou mahométans, et qu'en l'autre partie il n'y en a pas la moitié de la religion catholique. Je me tais même sur les incrédules modernes catholiques, dont à peine la dixième partie ne remplit pas depuis la révolution les devoirs que cette religion prescrit.

En une autre lettre, en date du 17 août 1824, à S. Exc. le baron de Damas, ministre, il fut exposé que l'Écriture assurait n'y avoir qu'un immortel, qu'un Melchisedech, qui sera le roi d'Israël et du monde, annoncé dans l'Évangile et l'Écriture. Les événemens arrivés en 1814, répondant si bien à des écrits adressés en 1810 aux plus grands de l'État, doivent contribuer à faire regarder fort sérieusement toutes ces grandes choses exposées.

M. le maire de Castel-Franc, à qui je livrai plusieurs écrits en l'année dernière, relatifs audit mémoire, pour qu'il vous les adressât, M. le Préfet, m'a dit avoir eu l'honneur de vous les envoyer; si vous n'aviez connu ledit mémoire, je vous en enverrais une copie à votre demande. J'ai besoin d'être aidé en ce que j'ai à faire; je souhaite, Monsieur, que vous vouliez y contribuer de vos lumières et m'accorder votre protection.

J'ai l'honneur d'être, Monsieur le Préfet, etc.

Signé, P. LACOSTE.

Extrait de ce qui fut écrit à Bordeaux après la grande révélation de 1807.

Il m'est venu que les anges et tous les esprits du ciel n'auraient pas voulu un Messie selon la promesse de Dieu, créateur de toutes choses, qui promit de donner aux hommes son Oint par lui-même, et qui serait immortel et homme, qui viendrait de la postérité d'Abraham;

Que, pour que les hommes eussent un Messie selon les désirs des créatures célestes, il fut demandé à Dieu s'il voulait que le Saint-Esprit procréât le Messie. Dieu répondit de faire selon les désirs des esprits du ciel pour ce présent (de-là vient le *Verbum caro factum est*). La vierge Marie conçut en même temps du Saint-Esprit, et, étant ensuite en voyage, elle mit au monde, dans une grange, celui qui après avoir grandi et être devenu homme, le Saint-Esprit ne le voulant plus sur la terre, il fut résolu par ces esprits célestes de le faire périr et exécuter entre deux voleurs, contre sa volonté. (*S. Jean*, chap. 12, art. 27 et 28.)

Que le Saint-Esprit, pour se conformer au désir des anges, avait résolu de représenter l'âme du crucifié sous les espèces du pain et du vin, de la faire apparaître après la mort du corps crucifié, afin que le corps parût ressuscité.

Les âmes des hommes et tous les esprits du ciel pouvant prendre la ressemblance des hommes morts comme des vivans, l'âme du corps crucifié prit la ressemblance dudit corps, et dit être ce même corps que les anges ôtèrent du sépulcre, afin qu'il parût ressuscité. Les anges et toutes les créatures célestes, préférant l'âme de l'homme crucifié au corps, crurent pouvoir ainsi donner aux hommes un esprit pour Messie, qui serait sourd et muet, inanimé en apparence aux hommes, représenté sous le pain, appelé hostie et vin. Un homme ne pouvant se transformer, ni prendre la ressemblance de pain ni de vin, et ce n'étant qu'un esprit-ange ou âme de personne qui le puisse, il est donc évident que l'hostie regardée comme Messie, appelée Saint-Sacrement, est un esprit. Dieu, créateur de toutes choses, qui est immuable dans ses promesses, ayant promis pour Messie un homme qui doit être immortel, et non l'âme d'un homme ni aucune créature céleste, tout esprit reconnu pour Messie est faux Messie, le Messie devant être un homme et immortel, et non un esprit.

Dieu tout-puissant, descendant sur la terre au Mont-Sinaï au milieu des éclairs et des tonnerres, dit à Moïse : « Allez vers vos frères, et dites-leur que celui que je susciterai, le Messie, sera homme semblable à vous-mêmes. »

Même promesse de Dieu renouvelée à David.

(Grand Catéchisme historique, leçon 16e.)

Dieu révéla à David que le Sauveur des hommes serait de sa race; qu'il serait roi; qu'il régnerait non seulement sur la maison d'Israël, mais encore sur toutes les nations de la terre, et que son règne n'aurait point de fin; qu'il serait pontife, non selon l'ordre d'Aaron, mais selon l'ordre de Melchisédech, plus ancien que la loi écrite; qu'il serait Fils de Dieu, et Dieu lui-même.

Particularités de l'Évangile qui répondent à ce qui m'est venu de la prétendue résurrection comme ci-dessus écrite.

(Évangile selon saint Mathieu, chap. 28.)

Un ange descendit du ciel et vint renverser la pierre qui fermait le sépulcre. Les gardes furent tellement saisis de frayeur, qu'ils devinrent comme morts.

(Évangile selon saint Marc, chap. 16.)

Jésus apparut sous une autre forme à deux d'entr'eux qui allaient aux champs. (L'explication des diverses formes que les esprits peuvent prendre a été donnée et adressée au Roi, le 16 août 1824, à Paris.)

(Évangile selon saint Luc, chap. 24.)

Pendant que les onze apôtres s'entretenaient de la résurrection de Jésus, il se présenta au milieu d'eux, qui, étant fort troublés et épouvantés, pensèrent voir un esprit.

(Évangile selon saint Jean, chap. 20.)

Marie Madeleine vint au sépulcre de matin, lorsqu'il faisait encore obscur, et elle vit que la pierre avait été ôtée du sépulcre. Marie se tenant dehors auprès du sépulcre, elle se baissa et regarda dans le sépulcre; elle vit deux anges revêtus de robes blanches, qui étaient assis, l'un à la tête et l'autre aux pieds, où le corps de Jésus avait été mis. Ils lui dirent : « Femme, pourquoi pleurez-vous ? » Elle leur répondit : « Parce qu'ils ont enlevé mon Seigneur, et je ne sais où ils l'ont mis. » Ayant dit cela, elle se tourna et vit Jésus debout; et elle ne savait point que c'était Jésus. Jésus lui dit : « Femme, pourquoi pleurez-vous ? qui cherchez-vous ? » Elle, pensant que c'était le jardinier, lui dit : « Seigneur, si vous l'avez enlevé, dites-moi où vous l'avez mis, et je l'emporterai. »

Les apôtres, les hommes de ce temps, ne connaissant pas la propriété des esprits célestes et des âmes des personnes, ils ignoraient qu'ils pussent prendre la forme, la ressemblance des personnes mortes et de celles qui vivent. Néanmoins, on voit dans l'Évangile qu'ils crurent, après ladite résurrection, que c'était un esprit qui leur apparaissait, et non le corps crucifié. Les différentes formes sous lesquelles il apparut après ladite résurrection ; les doutes qu'eurent les apôtres de voir l'âme et non le corps crucifié ; la foi que doivent avoir les catholiques concernant la forme et transformation en pain et en vin que le même dit ressuscité prend, sont des preuves incontestables que ce Messie, qui prend la forme du pain et du vin, est un esprit qui prit aussi les diverses formes humaines après ladite résurrection. Un prêtre des plus éclairés de cet arrondissement de Cahors ayant un entretien avec moi sur cette haute matière, nous la réduisîmes à deux mots, savoir : si le Messie, d'après la promesse de Dieu, doit être un homme ou un esprit ; il convint, d'après l'Écriture, que le Messie doit être un homme et immortel, et non l'âme d'un homme ni aucun esprit céleste ; il fut en même temps demandé au même prêtre si un homme pouvait se transformer en pain et en vin : ce prêtre conclut en disant qu'un homme ne le pouvait point, et que ce n'était qu'un esprit qui le pût, et que le Messie devant être un homme et non un esprit, il ne monterait plus à l'autel pour célébrer la messe, ne pouvant être contenu sous les espèces du pain et du vin qu'un faux Messie, c'étant un esprit, tandis que le Messie doit être un homme. Il fut dit à ce prêtre de continuer d'exercer ses fonctions ordinaires, et que c'était à l'Église à prononcer là-dessus.

Les prêtres sont innocens comme ceux de leurs fidèles séculiers; ils ne peuvent être aucunement molestés pour cause des vérités révélées. Lors de l'apparition de Dieu, le 16 mars 1785, il fut dit que ces mêmes prêtres auraient encore caractère de prêtre jusqu'à ce que le Messie eût établi le sacerdoce qui sera pour la durée de l'éternité. Jamais la dignité de prêtre n'a été si bien connue qu'elle le sera, le ministre du Seigneur ne pouvant être méconnu. Les aveux que je dois faire tranquilliseront les prêtres qui le sont à présent sur leur sort futur. S'ils connaissaient la vérité de toutes choses, ils seraient comblés de joie, et aussi tous les hommes de l'univers.

(Ce manuscrit a été adressé à M. le préfet du département du Lot, à Cahors, le 4 janvier 1826, pour qu'il le fît connaître au gouvernement; et au Roi, le 8 mai 1826, à Paris.)

Comment pouvoir concilier les passages de l'Évangile rapportés ci-après avec ce que Dieu le Père a promis par son Messie.

(Évangile selon saint Mathieu, chap. 10.)

Jésus dit à ses disciples : je vous envoie comme des brebis au milieu des loups.

Le frère livrera son frère à la mort, et le père l'enfant, et les enfans s'éleveront contre leurs père et mère et les mettront à mort. Ne pensez pas que je sois venu apporter la paix sur la terre : je ne suis pas venu apporter la paix, mais l'épée ; car je suis venu séparer l'homme d'avec son père, la fille d'avec sa mère, et la belle-fille d'avec sa belle-mère, et l'homme aura pour ennemis ceux de sa propre maison.

(Évangile selon saint Marc, chap. 10.)

Il est plus aisé qu'un chameau entre par le trou d'une aiguille, qu'un riche entre au royaume de Dieu.

(Évangile selon saint Luc, chap. 12.)

Jésus dit : Je suis venu mettre le feu sur la terre ; que désiré-je, sinon qu'il soit allumé. Je dois être baptisé d'un baptême, et combien me sens-je pressé jusqu'à ce qu'il s'accomplisse. Croyez-vous que je sois venu pour apporter la paix sur la terre ? Non, je vous assure, mais au contraire la division : car désormais s'il se trouve cinq personnes dans une maison, elles seront divisées les unes contre les autres, trois contre deux et deux contre trois. Le père sera en division contre le fils et le fils avec le père. La mère avec la fille et la fille avec la mère, la belle-mère avec la belle-fille, et la belle-fille avec la belle-mère.

Chap. 14. — Si quelqu'un vient à moi, et qu'il ne haïsse pas son père et sa mère, et ses frères et ses sœurs, et même sa propre vie, il ne peut être mon disciple. Et celui qui ne porte point sa croix et qui ne vient point après moi, ne peut pas être mon disciple.

Ce que l'Ancien-Testament rapporte concernant les promesses que Dieu fit Abraham, renouvelées à Jacob, à David, touchant le Messie, fait voir évidemment aux hommes que les désunions de l'Évangile rapportées ci-dessus, sont fort opposées à cette promesse de Dieu, d'après laquelle toutes les nations de la terre doivent être bénies en la postérité d'Abraham, par le Messie promis de Dieu, et toutes les nations ne faire qu'un seul et même peuple, qui vivra éternellement en paix, et ne connaîtra d'autre divinité que le Dieu d'Abraham, créateur de toutes choses, qui a promis de donner un repos éternel à ce peuple et de ne plus se rappeler ses iniquités ni ses péchés.

Autres points de l'Évangile.

(Évangile selon saint Jean, chap. 12.)

Jésus dit : Mon âme est maintenant troublée. Eh, que dirai-je! Père, délivrez-moi de cette heure : mon Père, glorifiez votre nom. Au même temps on entendit une voix du ciel, qui dit : « Je l'ai déjà glorifié et je le glorifierai encore. » Le peuple, qui était là qui l'écoutait, disait que c'était un coup de tonnere ; d'autres disaient c'est un ange qui lui a parlé. Jésus répondit : « Ce n'est par pour moi que cette voix est venue, mais pour vous ; maintenant le prince de ce monde va être chassé dehors. Quand j'aurai été élevé de la terre j'attirerai tout à moi. » Ce qu'il disait pour marquer de quelle mort il devait mourir. Le peuple lui répondit : « Nous avons appris de la loi que le Christ doit demeurer éternellement. Comment donc dites-vous que le fils de l'Homme soit élevé en-haut ? Quel est ce fils de l'Homme ? » Jésus leur répondit : « La lumière est encore avec vous pour un peu de temps. »

Chap. 18. — Jésus répondit à Pilate : « Mon royaume n'est pas de ce monde ; si mon royaume était de ce monde, certes mes officiers combattraient afin que je ne fusse livré aux Juifs. »

Chap. 14. — Jésus dit : « Le Père est plus grand que moi ; désormais je ne vous parlerai pas beaucoup, car le prince de ce monde va venir, quoiqu'il n'ait rien en moi qui lui appartienne. »

L'apôtre saint Paul dit, dans sa quinzième Épître aux Corinthiens : « Si Jésus-Christ n'est point ressuscité, notre prédication est vaine et votre foi est vaine aussi : que si Jésus-Christ n'est point ressuscité, votre foi est donc vaine, et vous êtes encore engagés dans vos péchés. »

A M. le Préfet du département du Lot, à Cahors.

Jouau, le 12 février 1826.

M. le Préfet,

J'ai eu l'honneur de vous adresser un écrit, le 4 janvier dernier, en vous témoignant mon désir que vous le fissiez connaître au gouvernement. Je vous prie de lui faire aussi part du contenu de cette lettre. Que j'ai à faire connaître encore de vive voix un passage de l'Ancien Testament, d'après lequel on sera parfaitement éclairci sur les particularités de l'Évangile, rapportées en ledit écrit. En en communiquant une copie à M. Gozon, député, le 30 du dernier, il y fut ajouté une partie d'une épître d'un apôtre, qui est celle-ci : (L'apôtre saint Paul dit, dans sa quinzième épître aux Corinthiens. « Si Jésus-Christ n'est point ressuscité, notre prédication est vaine et votre foi est vaine aussi; que si Jésus-Christ n'est point ressuscité, votre foi est donc vaine, vous êtes encore engagés dans vos péchés. ») A cela adressé à M. de Gozon, était jointe une réponse à Jésus-Christ par les interprètes de la loi de ce temps, qui seule est faite pour renverser le dogme fondamental de sa religion, étant cette réponse fondée sur la vérité de la Sainte-Écriture.

Je recevrai avec grand plaisir votre réponse, si vous voulez, M. le Préfet, m'en faire.

J'ai l'honneur d'être, etc.

A Sa Majesté le Roi de France Charles X.

Paris, le 8 Mai 1826.

Sire,

J'ai l'honneur de remettre à Votre Majesté, un ouvrage où sont renfermés des vérités, qui en prouvant comme les hommes peuvent être séduits en des apparitions, nous fait reconnaître l'innocence de ceux qui l'ont été. Si Votre Majesté daigne le méditer, elle fera, je n'en doute pas, que les choses changeant en ce qui se pratique, reconnu erreur, soient ainsi qu'il est demandé, rapportées entièrement à l'auteur de toutes choses, à celui qui vivifie tout, et dont l'univers dépend.

Nous avons tous à gémir sur les diversités des religions, qui sont le motif des mésintelligences des hommes, et en la plupart desquelles Dieu, notre créateur, est outragé ou méconnu. Nous n'en pouvons douter, la géographie nous le prouve, qu'il y a plus des trois quarts de la population des quatre parties du monde, qui sont idolâtres ou mahométans, et qu'en ceux-mêmes qui reconnaissent Jésus-Christ, il y en a plus de la moitié que l'église réprouve, mis hors de son sein. Nous voyons en Europe les potentats et leurs sujets de la Turquie, de la Russie, de la Prusse, de l'Angleterre, de la Hollande, être regardés par l'église réprouvés, les uns comme infidèles, les autres comme hérétiques, et tous mis hors de l'église; et nous voyons aussi qu'en les trois autres parties du monde, qui contiennent environ huit cent cinquante millions d'habitans, l'on n'y trouvera pas quarante millions de catholiques pour faire cesser l'idolâtrie sur la terre, et emmener tous les peuples à la connaissance du vrai Dieu. L'accomplissement de ses promesses n'est donc point inutile ainsi qu'il fut écrit à Son Excellence le ministre des cultes en 1824.

Si l'église use de docilité, en ce qu'il est prescrit de suite, pour ainsi dire, en Europe il n'y aura plus qu'une seule et même religion qui amènera bientôt avec l'aide de Dieu la conversion des peuples des autres parties du monde. A quoi, Sire, vous aurez contribué par la zélée protection que vous voudrez accorder à cette grande œuvre, pourquoi les peuples vous béniront dans la suite des siècles, et Dieu vous en récompensera par une éternité de bonheur, que je vous souhaite, Sire, etc.

Points incontestables de la spiritualité de Jésus au Saint-Sacrement de l'Autel, et de sa même spiritualité, en apparaissant après sa mort sous plusieurs formes humaines.

(Évangile selon saint Marc, chap. 16.)

Jésus apparut sous une autre forme à deux d'entr'eux qui allaient aux champs. (La connaissance des diverses formes que les esprits peuvent prendre a été donnée et adressée au Roi, le 16 août 1824, à Paris.)

(Évangile selon saint Luc, chap. 24.)

Pendant que les onze apôtres s'entretenaient de la résurrection de Jésus, il se présenta au milieu d'eux, qui étant fort troublés et épouvantés, pensèrent voir un esprit.

(Évangile selon saint Jean, chap. 20.)

Jésus apparaissant à Marie-Magdeleine, elle le prit pour le jardinier.

(Grand catéchisme, chap. 3, leçon 5e.)

L'âme de Notre-Seigneur étant séparée de son corps, descendit aux enfers.

(Même catéchisme, leçon 8e.)

Quels sont les biens spirituels de l'Eglise ? Les biens spirituels de l'Eglise sont les sacremens, le sacrifice de la messe, etc.

(*Communion des biens spirituels, etc.*)

(Même catéchisme, leçon 4e., chap. 4.)

Jésus-Christ est tout entier sous chacune des deux espèces du pain et du vin, et tout entier sous chacune des mêmes espèces divisées.

Autres points.

(Évangile selon saint Jean , chap. 12.)

Jésus manifestant aux peuples comment il mourrait, et qu'il serait élevé en croix, le peuple lui répondit : « Nous avons appris de la loi que le Christ demeure éternellement. Comment donc dites-vous qu'il faut que le fils de l'homme soit élevé? Qui est le fils de l'homme? » Sur quoi Jésus leur répondit : « La lumière est encore avec vous pour un peu de temps, etc. »

L'apôtre saint Paul dit dans sa quinzième épître aux Corinthiens : « Si Jésus-Christ n'est point ressuscité, notre prédication est vaine, et votre foi est vaine aussi. Que si Jésus-Christ n'est point ressuscité, votre foi est donc vaine ; vous êtes encore engagés dans vos péchés.

Le susdit dogme de l'Eglise, d'après lequel le Saint-Sacrement, Jésus-Christ en l'Eucharistie, donné aux fidèles catholiques, est regardé être reçu par lesdits fidèles spirituellement, leur communion étant traitée de spirituelle, ainsi qu'il est rapporté ci-dessus, d'après ledit dogme de l'Eglise. L'Eglise, d'après ses propres dogmes, admet un esprit pour Messie en son Saint-Sacrement, en la communion qu'elle donne aux fidèles catholiques : car cet esprit n'est admis que comme Messie en ce Saint-Sacrement, l'Eglise même proclamant le Messie être contenu sous les espèces du pain et du vin, c'est-à-dire être autant en le pain qu'en le vin ; car, d'après son propre dogme, le Messie étant esprit, peut être transformé en vin comme en pain, et elle regarde comme Messie le vin comme le pain offert à la messe.

En l'écrit adressé à M. le préfet du département du Lot, le 4 janvier 1826, pour qu'il le fît connaître au gouvernement, il est dit que « les anges et tous les esprits du ciel n'auraient pas voulu un Messie homme, mais l'âme d'un homme ou un esprit du ciel, qui fût sourd et muet, inanimé en apparence aux hommes, représenté sous la forme d'un morceau de pain et d'un peu de vin. » Avant que l'homme mis au monde par la vierge Marie fût crucifié, ne disant ni ne faisant que ce qui lui était suggéré par les esprits célestes, qui ne voulaient que son âme pour Messie, ils lui firent faire et dire, peu de temps avant d'être mis à mort, ce qu'ils voulurent pour l'accomplissement de leurs desseins, concernant un Messie spirituel qu'ils voulaient donner aux hommes, sous la forme du pain et du vin. Ce même homme, en instituant la représentation d'un tel Messie, et disant que le morceau de pain qu'il donna à ses disciples était son corps, en mangeant ce morceau du pain, ils ne mangèrent point le même homme dont ils reçurent ce morceau du pain, parce que c'était le corps matériel qui vivait, et qui n'avait pas encore été crucifié; et les apôtres mangèrent alors ce morceau de pain, comme nous le mangerions en le recevant d'une personne que nous verrions en le mangeant et après l'avoir mangé; et les apôtres virent le même homme en mangeant et après avoir mangé ledit morceau du pain, parce qu'il était alors homme et non esprit, c'étant avant qu'il fût crucifié; et alors il ne disparaissait pas à leurs yeux, ni il ne se trouvait pas dans les maisons au milieu d'eux, les portes étant fermées, comme il fit après sa mort. L'ange exterminateur ayant frappé de mort les premiers nés des Egyptiens, au même instant sur le minuit, n'eut point besoin que les portes des maisons fussent ouvertes pour s'introduire. Ledit ressuscité, étant esprit, n'avait pas non plus besoin que les portes fussent ouvertes pour se trouver au milieu des apôtres étant dans les maisons, ce qu'il n'aurait pu faire avant sa mort, parce qu'il était alors homme matériel comme nous autres hommes. Autre preuve que c'est l'âme qui apparut, et qui, en prenant les diverses formes qu'elle prit, dit être le corps crucifié, qui est poudre dans la terre, ainsi que celui de la vierge Marie; et si l'Eglise l'a supposée enlevée au ciel en corps et en âme, elle ajoute que cela n'a été adopté par l'Eglise que d'après une pieuse croyance, sans pouvoir établir autrement cet enlèvement; et d'après une autre pieuse croyance, plusieurs pères de l'Eglise ont fait des argumens sur l'état présent des démons, en concluant que leur empire sur les hommes avait cessé à la venue de Jésus-Christ. J'ai fait connaître en plusieurs écrits adressés à des prêtres depuis la grande révélation de 1807, que l'Église avait donné dans l'erreur en ces argumens, et que les démons étaient dans le même état qu'avant la venue de Jésus-Christ. On peut voir au Mémoire que j'ai présenté, qu'il y est dit: « on voit qu'après que Jésus-Christ eut quitté la terre, les apôtres chasser les démons, et les démons mêmes parler; c'est ce qu'on verra dans les actes desdits apôtres; et combien d'autres preuves y a-t-il dans d'autres histoires saintes, qu'après les apôtres les démons se sont manifestés et ont apparu sur la terre, et qu'en certaines régions le démon est encore reconnu et adoré comme un dieu sur la terre, à qui il est offert des sacrifices, etc. » Une notion sur le sort futur des démons fut donnée à un prêtre, après la grande révélation de 1807. Elle sera connue des hommes. Ce sont ces mêmes esprits célestes qui sont cause qu'il y a un si grand nombre de différentes religions sur la terre, en lesquelles Dieu, notre créateur, est méconnu, et qui sont le motif des mésintelligences des hommes sur la terre. Si les hommes connaissaient la haine de ces esprits célestes contre nous, ils s'uniraient tous comme frères venant tous ceux de l'univers de même homme. Hélas! je tremblerais pour eux et pour moi, si Dieu, en manifestant qu'il se sentait plus de dispositions en faveur des esprits de ciel qu'à l'égard des hommes, n'avait en même temps dit que sa sagesse le faisait prévaloir pour nous. Rendons-nous-en dignes, Messieurs, en détruisant l'idolâtrie sur la terre; remplissons notre devoir en faisant tout rapporter à celui qui nous a créés et qui est l'auteur de toutes choses. C'est lui qui nous protège ici-bas, et sans sa divine bonté, le ciel nous serait fermé.

(Le 14 novembre 1825, j'ai lu et noté aux Actes des apôtres, chap. 12, art. 16, qu'un ange passait pour représenter Pierre; ce qui répond à ce que j'ai fait connaître de la propriété des esprits célestes après la grande révélation de 1807.)

Je dois produire ici un passage de l'Evangile et un autre de l'Ancien-Testament, d'après lesquels on verra comme il en fut imposé aux apôtres en la prétendue résurrection de Jésus.

(Évangile selon saint Luc, chap. 24)

Pendant que les apôtres s'entretenaient de la résurrection de Jésus, il se présenta au milieu d'eux, qui étant fort troublés et épouvantés, pensaient voir un esprit. Jésus leur dit: « Pourquoi êtes-vous troublés et formez-vous des pensées en vos cœurs? Voyez mes mains et mes pieds, et que c'est moi-même: touchez et voyez; car un esprit n'a ni chair ni os ainsi que vous voyez que j'ai. » Et ayant dit cela, il leur montra ses mains et ses pieds. Mais comme ils ne croyaient point encore, étant transportés d'admiration et de joie, il leur dit: « Avez-vous ici quelque chose à manger? »

Abrégé de l'Histoire de l'Ancien-Testament, liv. 4e., pages 128 et 129.

L'ange Raphaël s'offre d'accompagner le jeune Tobie. Tobie étant sorti rencontra un jeune homme d'une mine fort avantageuse, qui avait sa robe retroussée et arrêtée avec une ceinture, comme un homme prêt à partir pour un voyage. Tobie, qui ne savait pas que ce fût un ange de Dieu, le salua en lui demandant d'où il était. Il répondit qu'il était des enfans d'Israël. Savez-vous, lui dit Tobie, le chemin du pays des Mèdes? Je le sais, répondit l'ange: j'ai voyagé plusieurs fois dans ce pays-là, et j'ai logé chez Gabelus notre frère, qui demeure à Ragés. Tobie lui dit: Attendez un moment, je vous prie, que j'aille rapporter à mon père ce que vous venez de me dire. Tobie père fait prier ce jeune homme d'entrer, et étant entré il salua Tobie. Pouvez-vous, lui dit Tobie, mener mon fils en la ville de Ragés, chez Gabelus? Quand vous serez de retour je vous récompenserai de votre peine. L'ange lui répondit: Je le mènerai et je vous le ramènerai. Dites-moi, je vous prie, reprit Tobie, de quelle famille êtes-vous et de quelle tribu ? L'ange Raphaël lui répondit : Est-ce de la famille du mercenaire qui doit conduire votre fils, ou du mercenaire lui-même que vous êtes en peine ? Mais, pour ne pas vous donner d'inquiétude, je suis Azarias, fils du grand Ananias. Tobie repartit : Vous êtes d'une famille illustre. L'ange Raphaël, qui avait pris la figure de cet Azarias, pouvait dire, sans blesser la vérité, qu'il était celui-là même qu'il représentait parfaitement.

(Ainsi dit dans le susdit 4e. liv.)

Je n'avais vu dans aucun livre ni ouvrage, avant le 1er. avril 1825, que les esprits célestes prissent la parfaite ressemblance de personnes. C'est pourquoi je notai cela en le voyant. Dans les premières années qui suivirent celle de 1807, je fis connaître cette propriété des esprits célestes à pouvoir prendre la parfaite ressemblance des personnes ; ce que j'assurai connaître pour avoir souvent vu des anges et autres esprits célestes m'apparaître sous leurs propres formes d'anges, et sous la forme et parfaite ressemblance de plusieurs personnes que je connaissais ; ce qui était, ajoutai-je, encore inconnu sur la terre. Etant à Paris en 1824, j'achetai chez un libraire le livre comme ci-dessus intitulé (édition de l'année 1726, d'après les lettres du privilége du roi); et étant à le lire chez moi, à Jouau, le 1er. avril 1825, jour de vendredi-saint, j'y vis ce qui est ci-dessus transcrit : que l'ange Raphaël dit être cet Azarias, parce qu'il en avait pris la forme et parfaite ressemblance, ainsi qu'il est dit dans le susdit livre. D'après cela, on peut voir que l'esprit qui représenta Jésus après ladite résurrection, pouvait dire qu'il était le corps crucifié, en ayant pris la forme et ressemblance ; comme l'ange Raphaël dit être cet Azarias sous la forme duquel, dit l'histoire sainte, il était, qu'il représentait parfaitement, d'après ce passage de l'Ancien-Testament ; et l'on voit dans l'Evangile que les apôtres prirent cet homme qui leur apparut après ladite résurrection, pour être un esprit, et qu'ils doutèrent que ce fût le corps crucifié ; et d'après ce que l'Evangile rapporte, l'on voit encore comme les apôtres furent trompés, cet esprit leur disant que les esprits n'avaient ni chair ni os, et l'on voit évidemment que l'ange Raphaël étant sous la figure de cet Azarias, paraissait être un jeune homme et cet Azarias même. Il paraissait donc aussi avoir, comme Azarias, un corps composé d'os et chair, puisque la famille Tobie le prit pour être un jeune homme, selon que le dit l'Ancien-Testament. Je puis moi-même assurer que les anges et tous les esprits célestes, les démons même, prenant la forme et ressemblance de personnes, paraissent être ces mêmes personnes ; et ils parlent aussi, s'ils veulent, du même organe que les personnes dont ils prennent les formes. Pour donner une notion sur la matière dont ces corps célestes sont composés, je ne le puis, et il n'y a que Dieu et ses créatures célestes qui le sachent ; mais qu'un ange, tout esprit céleste, et âme de personne, apparaisse sous la forme d'un atôme, d'une étincelle, ce petit objet se transformerait dans l'instant, à sa volonté, en personne, et prendrait la parfaite ressemblance de celles qui vivent comme de celles qui sont mortes, et ce même petit objet pouvant aussi prendre la forme de choses inanimées, pourrait se transformer en un si gros volume qu'il remplirait l'univers et obstruerait les astres ; et ce grand volume se réduirait dans l'instant en atôme, etc. Ce même gros volume, divisé en autant de parties qu'on puisse se figurer, ne ferait qu'un même volume, et qu'un même et seul esprit. Il en est de même de toutes les hosties répandues dans l'univers et adorées au Saint-Sacrement de l'autel ; toutes cesdites hosties ne renferment qu'un même esprit, qui paraissant aux yeux des hommes divisé en tant de parties, toutes cesdites parties ne formant qu'un volume qui se transformerait à volonté en personne morte comme vivante, et cette même personne se transformerait en eau et en vin, en arbre et en plante, etc., et comme se transforment toutes sortes d'esprits célestes, les âmes des personnes, qui pourraient tous ces esprits prendre aussi les mêmes formes du pain et du vin, etc.

L'Eglise, appelant le sacrifice de la messe et la communion des fidèles biens spirituels, admet donc de son consentement, de son aveu, un esprit et le Saint-Sacrement en la communion qu'elle donne aux fidèles. Elle s'accorde donc, d'après le dogme qu'elle a adopté, avec ce que les apôtres pensèrent en voyant celui qui apparut après ladite résurrection, qu'ils prirent, dit l'Evangile, pour un esprit. L'Eglise le prend aussi pour un esprit, d'après son susdit dogme. C'est donc l'âme et non le corps crucifié que l'Eglise admet en le Saint-Sacrement ; et c'est aussi donc l'âme et non le corps crucifié que les apôtres pensèrent voir après la prétendue résurrection. Les apôtres font consister le Messie en le corps crucifié et non en l'âme, tandis que l'apôtre saint Paul dit que si ce n'est le corps crucifié qui est ressuscité, leur prédication est vaine, et que la foi des fidèles l'est aussi. L'Eglise qui, d'après son susdit dogme, produit un esprit pour Messie en le Saint-Sacrement, les apôtres qui pensèrent voir ce même esprit et non le corps crucifié, l'Eglise et les apôtres ne produisant que l'âme et non le corps crucifié, font donc voir évidemment la fausseté de la résurrection du corps crucifié, et les apôtres disant que si la résurrection est fausse, la religion qu'ils établissaient serait vaine, cette religion est donc rejetée par ceux qui l'ont établie, par les apôtres mêmes : ne produisant eux et l'Eglise qu'un esprit et non le corps crucifié.

La fausse résurrection est manifeste.

Dieu étant outragé en les erreurs que renferment les religions, les prêtres devraient, de concert avec les gouvernemens européens, cesser de célébrer la messe. Ayant encore qualité de prêtres, ainsi qu'il a été manifesté en l'écrit du 4 janvier 1826, ils pourraient continuer d'exercer leurs fonctions sacerdotales, en chantant l'office divin, les vêpres à l'heure ordinaire, et adopter, s'ils voulaient, des prières ou un autre office divin pour l'avant-midi. Les prêtres et ministres des autres communions pouvant aussi continuer d'exercer leurs fonctions sacerdotales, pourraient adopter les mêmes offices divins que les prêtres appelés catholiques, ou d'autres y relatifs, et tous conserver leurs mêmes traitemens. Les prêtres et ministres des diverses communions, ne recevant leurs pouvoirs actuels du sacerdoce que d'après les propres paroles de Dieu, qui, le 16 mai 1785, manifesta désirer que ces prêtres et ministres de ces diverses religions continuassent encore de remplir certaines fonctions sacerdotales ; tous les prêtres et ministres desdites religions devraient faire, en présence des autorités et du peuple, réunis dans les églises ou temples, la déclaration solennelle ci-énoncée : « Je me déclare prêtre de Dieu tout-puissant, créateur de toutes choses, et je n'exercerai dorénavant mes fonctions sacerdotales qu'en vertu de cette déclaration que je fais présentement. »

Cette déclaration serait envoyée ensuite par chaque prêtre à son évêque diocésain, et par les ministres aux présidens des consistoires.

(Adressé au Roi, à Paris, le 8 mai 1826.)

A Son Eminence le Cardinal de Quelen, Archevêque de Paris.

Paris, le 14 avril 1826.

Votre Éminence doit être instruite que des écrits qui regardent plus particulièrement le haut-clergé et la Sorbonne que les autres corps de l'État ont été remis à un membre de la Chambre des députés, le 10 de ce mois à Paris, pour que le Gouvernement et l'Église en connussent le contenu. Ce député se nomme M. de Flauzac, et est logé rue du Faubourg-Saint-Honoré, n°. 6. En y voyant les vérités révélées, ce ne sont point les prêtres ni les autres hommes qui doivent s'alarmer, mais les esprits qui leur en ont imposé. Les avis de certains prêtres fort éclairés qui en ont connu, y sont manifestés. Toutes les personnes qui les voyent rendent le même témoignage, et qui pourrait dissimuler en présence de Dieu des vérités évidentes et incontestables? Rien n'est, est-il dit, contre les hommes, mais tout pour eux et surtout pour les prêtres; car jamais cette auguste dignité n'a été si bien connue et révérée qu'elle le sera. Si Votre Éminence, après avoir vu lesdits écrits, voulait m'en écrire; je suis logé à l'hôtel de la Providence, passage des Messageries royales, près de la rue Montmartre.

J'ai l'honneur d'être, de Votre Éminence, etc.

Signé LACOSTE.

A Son Éminence le Ministre des Cultes, évêque d'Hermopolis.

Paris, le 17 mai 1826.

J'ai l'honneur d'instruire Votre Excellence de ce que j'écrivis à M. le duc de Duras, le 8 de ce mois.

« J'ai reçu la lettre que vous m'avez fait l'honneur de m'écrire, Monsieur le Duc, le 2 de ce mois, m'y disant que si j'envoyais un mémoire il serait remis à Sa Majesté; je l'ai adressé en conséquence à S. Exc. le ministre de la Maison du Roi. Son Excellence me manifeste qu'il lui paraît convenable que j'en fasse connaître à S. Exc. le ministre des cultes. J'ai écrit hier à un prêtre qui a une copie de toutes les susdites pièces, afin qu'il en envoyât un double le plus tôt possible au ministre des cultes. »

Certains députés, qui avaient ledit mémoire, furent aussi priés, avant le susdit 8 mai, de le faire connaître à Votre Excellence, et ce fut même déclaré à S. Em. l'archevêque de Paris, le 14 avril dernier.

Votre Excellence doit avoir à présent ledit mémoire, parce qu'un prêtre de l'établissement rue de Picpus, nº. 15, me promit de nouveau de le communiquer à Votre Excellence. Il y a dans cet établissement un nombre de prêtres qui connaissent ce mémoire : je ne ferai que répéter à Votre Excellence, et ce pour tous, ce que j'écrivis à Son Em. l'archevêque de Paris : « comment pouvoir dissimuler en présence de Dieu des vérités évidentes et incontestables ; » et répéterai encore ce qui a été ajouté à cela par écrit, parlant à un prêtre. « Il n'est pas d'autre composition à faire qu'en renonçant à l'erreur. »

Si Votre Excellence veut m'écrire concernant tout ce qui est exposé en cedit mémoire, je lui donne mon adresse, qui est hôtel de la Providence, passage des Messageries royales, près de la rue Montmartre.

J'ai l'honneur d'être, de Votre Excellence, etc.

Signé Lacoste.

A Monsieur l'abbé Lacoste, docteur en théologie, à Paris.

Paris, le 29 avril 1826.

Oui, Monsieur l'Abbé, je crois à l'existence de César et aussi à celle de Virgile, parce qu'ils ont été ; et je crois, ainsi qu'ont cru les apôtres, que c'est un esprit qui leur apparut après ladite résurrection, et je crois comme l'Église un esprit en le Saint-Sacrement, et je crois aussi ce que Dieu a dit et ce que l'Écriture assure que le Messie doit être un homme et non un esprit ; et que par conséquent tout esprit reconnu pour Messie est faux Messie ; et par conséquent encore voilà ce que vous me dites inébranlable, ébranlé et abattu d'après les vérités de l'Écriture. Je parle à un docteur en théologie, qui connaît ces vérités de l'Écriture, et qui ne voudrait pas qu'il arrivât, relativement à l'interprétation de cette Ecriture, ce qui fut jugé dans une société s'entretenant de cette matière ; que s'il était connu que ceux qui enseignent cette écriture ne l'interprêtassent pas avec équité, le Gouvernement et les tribunaux prononceraient définitivement ; tout ce haut procès est réduit en deux mots : Le Messie doit-il être un homme ou un esprit ? Dieu et l'Écriture assurent que c'est un homme, et l'Église nous présente un esprit sous la forme d'un morceau de pain pour ce Messie, que les apôtres ont aussi pris pour un esprit, et non pour un homme, ce qu'assure l'Évangile.

J'ai l'honneur de vous saluer, Monsieur l'Abbé, fort respectueusement,

Signé LACOSTE.

Je désire que vous me répondiez.

MINISTÈRE DE LA MAISON DU ROI.

Lettre de S. Exc. le duc de Doudeauville, ministre de la Maison du Roi.

Paris, ce 29 avril 1826.

Il n'est point dans mes attributions, Monsieur, de faire obtenir des audiences particulières du Roi; c'est à M. le premier gentilhomme de la chambre, qui seul prend les ordres de Sa Majesté sur toutes les demandes de ce genre, et c'est à lui qu'elles doivent être adressées directement.

Recevez donc mes regrets, Monsieur, en même

temps que l'assurance de mes sentimens distingués.

Le ministre de la Maison du Roi,
Signé le duc de Doudeauville.

Adresse.

MINISTÈRE DE LA MAISON DU ROI.

Monsieur Lacoste, passage des Messageries royales, hôtel de la Providence, près de la rue Montmartre. Paris.

CHAMBRE DU ROI.

Lettre de M. le duc de Duras, premier gentilhomme de la Chambre du Roi.

Le duc de Duras prévient M. Lacoste qu'il a mis sous les yeux du Roi sa demande d'une audience particulière, mais que Sa Majesté n'a pas donné d'ordres. S'il veut envoyer un mémoire, il sera remis à Sa Majesté. Il lui offre l'assurance de sa parfaite considération.

Tuileries, ce 2 mai 1826.

Adresse.

Poste royale de la Cour. — *Premier gentilhomme de la Chambre du Roi.*

Monsieur Lacoste, passage des Messageries royales, hôtel de la Providence. Paris.

A S. Exc. le duc de Doudeauville, ministre de la Maison du Roi.

Paris, le 3 mai 1826.

Monseigneur,

J'ai reçu hier au soir une lettre de M. le duc de

Duras, en laquelle il me dit qu'il a mis sous les yeux du Roi ma demande d'une audience particulière, mais que Sa Majesté n'ayant pas donné d'ordres, si je veux, me dit-il, envoyer un mémoire, il sera remis à Sa Majesté. Pour me conformer au conseil de M. de Duras, j'ai l'honneur d'adresser à Votre Excellence cedit mémoire, qui contient les mêmes écrits dont j'ai eu l'honneur de vous parler récemment. Après que Votre Excellence en aura pris connaissance, je la prie de vouloir les présenter à Sa Majesté, avec ce que je me proposais de lui dire de vive voix, ci-inclus. En ces écrits, vous trouverez la copie d'une réponse faite à un prêtre docteur en théologie à Paris, qui s'est tu d'après les raisons données en cette réponse. Quelqu'étendue que fût la discussion, que les docteurs, les pères de l'Église feraient, il faudrait en venir toujours à réduire la matière à ces deux mots : Le Messie, d'après la promesse de Dieu, doit-il être un homme ou un esprit ? Les prêtres voient ce que Dieu et l'Écriture disent là-dessus. Il a été dit aux prêtres naïvement, pour les tranquilliser, qu'en voyant perdre le tout, ils acquéraient en même temps un même état, mais beaucoup plus éminent, et l'on ne peut apprécier les grands biens que tous les hommes indistinctement acquièrent d'en haut, tandis qu'ils ne seront plus pécheurs, et que dans la suite des siècles la bonté toute puissante pourrait faire qu'ils n'eussent point besoin de manger pour vivre. Les esprits bienheureux jouissant de la vue de Dieu, sont toujours pleinement rassasiés.

J'ai l'honneur de prier Votre Excellence de vouloir me répondre, pour me dire qu'elle a reçu et présenté au Roi ces écrits. Lorsque Sa Majesté aura tout connu, je recevrai avec un sensible plaisir ce qu'elle voudrait me faire répondre et ce qu'elle fera peut-être, y étant engagée par le sentiment qu'à Votre Excellence d'obliger, et qui est si bien connu, et de quoi je lui devrai la reconnaissance.

J'ai l'honneur d'être, de Votre Excellence,

Le très humble et très obéissant serviteur.

Signé LACOSTE.

A M. de Flauzac, député, présentement à Paris.

Paris, le 17 avril 1826.

Monsieur,

Je crois devoir vous faire part de mes réflexions, relativement à ce que vous me fîtes l'honneur de me dire hier chez vous, qu'il vous paraissait convenable que M. l'abbé Joffrin, supérieur des jésuites, connût les écrits que je vous ai livrés. Je désire beaucoup qu'ils lui soient communiqués et à tous les principaux corps et docteurs de l'Église; je vous l'ai manifesté en vous remettant ces écrits. Je suis aussi bien aise que Son Excellence le ministre des cultes les connaisse. Je vous ai prié hier d'en communiquer à M. de Ravez, président de votre chambre. Je désire aussi beaucoup, que le Roi les connaisse et qu'il veuille me donner une audience à cette cause, etc. Dans quelle joie seront tous les hommes de l'univers, en apprenant de la part du Très-Haut l'accomplissement des paroles de l'Ecriture, d'après lesquelles les hommes ne seront plus pécheurs, et seront tous en grâce devant Dieu, dont la bonté pourrait faire que dans la suite des siècles, ils n'auraient pas besoin de manger pour vivre, ainsi que des anges, etc.

J'ai l'honneur d'être, Monsieur, etc.

Signé LACOSTE.

MINISTÈRE DE LA MAISON DU ROI.

Lettre de S. Exc. le duc de Doudeauville, ministre de la Maison du Roi.

Paris, le 6 mai 1826.

Je n'aurais pu, Monsieur, que faire parvenir purement et simplement au Roi, le placet qui était joint à votre lettre du 3 de ce mois, puisqu'il ne m'appartient d'entretenir Sa Majesté que d'affaires analogues aux attributions qui me sont confiées, et que l'objet de votre requête y est absolument étranger; mais un autre motif s'oppose à ce que je transmette ce mémoire. J'ai remarqué qu'il ne porte ni date ni signature, et je crois en conséquence devoir vous en faire le renvoi ainsi que des pièces annexées à l'appui. Au surplus, je pense que les réflexions que vous deviez soumettre à l'examen de Sa Majesté sont du ressort du ministre secrétaire d'État au département des affaires ecclésiastiques.

Recevez, Monsieur, l'assurance de mes sentimens, etc.

Signé le duc de DOUDEAUVILLE.

Adresse.

MINISTÈRE DE LA MAISON DU ROI.

Monsieur LACOSTE,

Hôtel de la Providence, passage des Messageries royales, près de la rue Montmartre. PARIS.

A M. le Duc de Duras, premier gentilhomme de la Chambre du Roi.

Paris, le 8 Mai 1826.

Monsieur le Duc,

J'ai reçu la lettre que vous m'avez fait l'honneur de m'écrire le 2 de ce mois; m'y disant que si j'envoyais un mémoire il serait remis à Sa Majesté. Je l'ai adressé en conséquence à Son Exc. le ministre de la maison du Roi, qui m'a objecté entr'autres choses que les papiers que je lui ai remis n'avaient ni date, ni signatures, et qu'ainsi il croyait ne pouvoir les présenter à Sa Majesté, et devoir me les renvoyer. Je croyais que la date de la lettre adressée à Son Exellence suffisait pour les autres pièces; d'ailleurs les copies des lettres adressées à à M. le Préfet du département du Lot sont datées de l'époque de l'envoi. Il est vrai que la grande feuille n'est point datée; mais ceci est un raisonnement qui a été fait après la présentation de l'écrit adressé à M. ledit Préfet, le 4 janvier dernier, et le contenu de cette grande feuille n'a point été adressé à M. le susnommé Préfet, parce que je voulais le dédier à Sa Majesté et aux deux chambres, et afin que les vérités y révélées soient connues.

Son Exc. le duc de Doudeauville me dit qu'il aurait présenté à Sa Majesté ce que je me proposais de lui dire de vive voix ci-inclus; mais, dit-il, ce n'est point daté. En conséquence, j'y mets la date de ce jour, 8 mai 1826. Son Excellence manifeste aussi qu'il lui paraît convenable que j'en fasse connaître à Son Exc. le ministre des cultes. J'ai écrit hier à un prêtre qui a une copie de toutes les susdites pièces, afin qu'il en envoyât un double le plus tôt possible au ministre des cultes.

J'ai l'honneur de vous prier, M. le Duc, de vouloir communiquer à Sa Majesté tout ce que je vous adresse ci-inclus, etc.

J'ai l'honneur d'être, etc.

Monsieur le Duc,

Signé LACOSTE.

A M. l'Abbé Lacoste, docteur en théologie, à Paris.

Paris, 12 Mai 1826.

Monsieur l'Abbé,

Je vous prie de faire de suite ce que vous m'avez promis hier, d'envoyer une copie au ministre des cultes du mémoire que je vous ai livré dans le mois dernier. Si vous ne m'aviez promis cela, j'allais lui écrire directement afin qu'il s'en fît communiquer par les personnes à qui je l'ai fait connaître. Les prêtres de l'établissement où vous êtes ayant ouvert les trois lettres que je vous ai écrites récemment, vous demandèrent, me dites-vous hier, à connaître ledit mémoire, que vous leur communiquâtes. Je ne vous dissimulerai pas que je fus touché d'une affliction que je remarquai en vous, me parlant des vérités révélées en ledit mémoire. Je vous dis que les prêtres et les apôtres étaient innocens, et j'ai ajouté en ces écrits que les prêtres ne pouvaient aucunement être vexés pour cause de ces vérités révélées. Mais il s'agit de Dieu, il est la vérité même, toutes ces choses doivent être mises au jour ainsi qu'elles sont. Vous êtes bien un de mes parens; mais le premier parent est celui qui nous a créés, et c'est à lui seul que nous devons toutes choses; et s'il nous dévoile l'erreur, nous ne devons pas rougir de nous rendre, et il n'est pas d'autre composition à faire qu'en y renonçant.

Le corps et l'âme, me dites-vous hier, sont contenus en le St.-Sacrement, et vous voulûtes me faire entendre que c'était le corps matériel. Je vous répondis que ce n'était point le corps qu'on avait cloué sur la croix; mais qu'il était contenu en le St.-Sacrement, celui qui avait apparu après ladite résurrection, que les apôtres prirent pour un esprit, et que l'église admet aussi spirituellement en son St.-Sacrement, d'après son propre dogme, que vous vouliez rejeter, mais qui est ainsi; et vous me manifestâtes vous rendre, lorsque je vous dis que tous les documens répondaient à ce qu'il était contenu un esprit en le St.-Sacrement, et encore ainsi qu'il est rapporté, un esprit sourd et muet, inanimé, et ainsi qu'il a été dit à des prêtres, un esprit semblable aux idoles. Vous me dites aussi hier qu'il fallait ces diversités de religions pour établir la foi; mais après dix-huit siècles écoulés depuis vos prédications, compteriez-vous la vingtième partie des habitans de la terre qui soient de votre religion; et peut-on, sans frémir d'indignation, lire ces passages de l'Evangile où Jésus dit : « Je suis venu sur la terre pour mettre les divisions et toutes les désunions parmi les hommes. » Qu'il me tarde que cela s'accomplisse! Vous savez, vous dis-je hier, comme c'est opposé à ce que Dieu le père a promis, toutes les nations de la terre devant être bénies et n'en faire qu'une.

Je termine en vous disant de vous rappeler que je

vous dis hier que tous les argumens qui seraient faits sur le principal point touchant le Messie, seraient réduits à la question de savoir s'il devait être un homme ou un esprit, et je vous dis aussi qu'il fallait aller au milieu des docteurs, et que ce serait bientôt interprêté avec les écrits en main, d'après l'Écriture; et que ce soit, parce que le silence serait pris pour une adhésion aux faits exposés.

J'attends, M. l'Abbé, votre réponse, et je vous souhaite une bonne santé.

A son Excellence le duc de Doudeauville, ministre de la Maison du Roi.

Paris, le 13 mai 1826.

Monseigneur,

Ayant eu un entretien verbal avant-hier avec le prêtre-docteur en théologie, duquel il est question en les écrits que j'ai eu l'honneur de vous adresser il y a quelques jours, et lui ayant répondu en écrit hier, je transmets ci-inclus à Votre Excellence une copie de ce que je lui reproduisis et lui dis. En me séparant de lui il me manifesta vouloir rendre la même justice que le prêtre cité en l'écrit adressé à M. le préfet du département du Lot, le 4 janvier dernier. Mais que font les prêtres en rendant cette justice? les dogmes de l'Église ne les y provoquent-ils pas? tandis qu'elle appelle ce qu'elle fait consister en l'Eucharistie biens spirituels. Tous les prêtres ne voyent-ils pas évidemment dans l'Ancien-Testament, que Dieu a promis un homme pour Messie et non un esprit; dans la propre histoire de leur maître, dans son Évangile, ne voit-on pas que Jésus dit aux apôtres que désormais il ne leur parlerait guère parce que le Prince du monde devait venir et que le royaume d'Israël serait rétabli ?

(Évangile selon saint Jean, chapitre 14, et Actes des apôtres, chapitre 1er.)

Les diversités de religions qu'il y a sur la terre, le démon qui y est adoré en plusieurs régions, tout cela ne s'accorde-t-il pas avec l'esprit de celui qui a dit qu'il était venu pour porter toutes sortes de divisions parmi les hommes.

Le ministre des cultes doit avoir déjà la copie des écrits que Votre Excellence jugea devoir être présentés à ce ministre. Je datai le placet à Sa Majesté, et envoyai le même paquet à M. le duc de Duras, afin qu'il communiquât le tout au Roi. Je prie Votre Excellence de vouloir aussi communiquer à Sa Majesté les pièces de ce jour, et d'avoir la bonté de me répondre. Les rapports qui me furent faits en 1824, ici aux Tuileries et à St.-Cloud, concernant tout ce que Sa Majesté Louis XVIII voulut faire pour moi, me font attendre que son auguste frère, qui règne à présent, voudra me faire répondre en quelque sorte, etc.

A Son Excellence le Ministre de la Maison du Roi, duc de Doudeauville.

Paris, le 20 mai 1826.

Monseigneur,

Je crois devoir instruire Votre Excellence de ce qui me fut dit hier par un prêtre de l'établissement, rue de Picpus, no. 15, et en vous faisant connaître que tous les prêtres de cet établissement connaissaient le mémoire que j'ai adressé à Sa Majesté le 8 de ce mois, que Votre Excellence a vu. Ce prêtre me dit, et dans l'esprit je n'en doute de tous ceux de cet établissement, que, d'après l'exposé dudit mémoire, les prêtres et l'Église étant déchus, n'avaient point qualité pour prononcer. Je lui répondis que j'avais dit à des prêtres de continuer d'exercer leurs fonctions ordinaires jusqu'à ce que l'Église ou le principal corps qui la compose, eût prononcé; et que j'entendais par ce prononcé, qu'elle déclarât reconnaître erreur ce qui est exposé l'être en ledit mémoire; et ce prêtre me manifesta que c'était tout ce que ladite Église pouvait, étant, dit-il, déchue. Il me dit aussi qu'il avait envoyé ledit mémoire au ministre des cultes, à qui j'ai écrit expressément le 17 de ce mois. Je prie Votre Excellence de vouloir instruire le Roi du contenu de cette lettre.

J'ai l'honneur d'être, de Votre Excellence, etc.

Signé LACOSTE.

P. S. Je ne désespère pas de la réponse que j'ai demandée; etc.

A M. Marron, Président du consistoire des protestans, à Paris.

Paris, le 22 mai 1826.

Monsieur,

Vous devez être instruit comme les prêtres catholiques, et comme le seront toutes personnes de quelque religion qu'elles soient, pour qui j'ai manifesté et je porte indistinctement le même attachement, de ce qui a été adressé au Roi de France, Charles X, le 8 du mois de mai; au ministre des cultes, à l'archevêque de Paris, à des prêtres de ce diocèse, et à des membres de la Chambre des députés, concernant toute la chrétienté. Vous en prendrez quelque connaissance, en vous rapportant ci-après la lettre que j'ai écrite au ministre de la Maison du Roi, le 26 du dernier, à laquelle il répondit le 29 dudit :

« J'ai l'honneur de vous instruire, Monseigneur, que des écrits qui doivent être déclarés au gouvernement sont d'une telle importance, qu'on ne peut nier les faits qu'ils contiennent. Ces écrits sont la suite d'un Mémoire qui fut présenté à Sa Majesté Louis XVIII, en 1824, pour cause de quoi vous voulûtes bien me faire l'honneur de m'écrire, en août de cette année, pour avoir une audience de Sa Majesté. D'après des avis de certains députés qui ont été détenteurs desdits écrits, ils ont été remis entre les mains des prêtres, afin que le haut clergé, le haut conseil chargé des affaires ecclésiastiques, s'en occupassent. Les vérités y révélées ont provoqué des prêtres qui en ont connu, à dire qu'ils ne pouvaient plus célébrer la messe; et il a été écrit à cette occasion à S. Em. l'archevêque de Paris, et dit : « Qui pourrait dissimuler en présence de Dieu des vérités évidentes et incontestables? » En ce Mémoire adressé à S. M. Louis XVIII, en 1824, il y est dit : « Il fut dit, le 16 mai 1785 : L'Enfant à qui l'immortalité est donnée sera attaché à tous les hommes, de quelque religion qu'ils soient; et vous avez vu qu'à cette occasion il avait été adressé des écrits, en 1810, à M. Abraham Andrade, docteur israélite, et à M. Martin, ministre protestant à Bordeaux. » Il a été communiqué au susdit ministre du Roi des lettres écrites en ce mois à des prêtres, et aussi leurs réponses, concernant ledit Mémoire adressé au Roi, le 8 de ce mois. Je désire, M. le Président, que vous preniez connaissance au ministère des cultes de ce Mémoire, dont il y a une copie dans un établissement de Paris, rue de Picpus, n°. 15, faubourg Saint-Antoine, et dont vous pourriez aussi connaître par quelques membres de la Chambre des députés; et si vous ne l'obteniez par ces voies, je pourrais vous en indiquer quelque autre. Si, après avoir connu ledit Mémoire, vous vouliez m'écrire, je suis à l'hôtel de la Providence, passage des Messageries royales, près de la rue Montmartre.

J'ai l'honneur d'être,

Monsieur,

Votre très humble et obéissant serviteur,

Signé LACOSTE.

A M. de Flauzac, député, présentement à Paris.

Paris, le 6 juin 1826.

Monsieur,

J'ai lu et médité le discours que vous m'avez donné de S. Exc. le ministre des cultes, fait à la Chambre des députés dans le mois dernier, et, ainsi que vous me le manifestâtes, il y a des argumens sur les Mémoires adressés au Roi et à M. l'évêque d'Hermopolis. Les réponses seraient trop longues à faire pour les donner ici; mais je n'ai point dit que le nouveau sacerdoce serait érigé en Eglise nationale, l'autorité épiscopale étant maintenue, puisque ce sera à elle seule qu'il appartiendra de conférer le sacerdoce. Elle aura aussi pleinement le droit de se choisir son souverain Pontife, ou de reconnaître encore le même Évêque de Rome, dont M. d'Hermopolis dit ne vouloir se détacher (mais ne pouvant plus parler des successeurs de saint Pierre, c'étant un autre sacerdoce). Je trouve que le même ministre des affaires ecclésiastiques a fort bien décidé en jugeant que les choses contestées fussent soumises à une réunion d'ecclésiastiques et de magistrats, et des conciles, pour délibérer sur les choses exposées auxdits Mémoires. Mais le même ministre qui manifeste tant de craintes de révolutions, convient sans doute que les choses révélées ne pouvaient se dire autrement qu'ainsi qu'elles sont: que tous les ecclésiastiques, haut et bas clergé, restent aux mêmes places qu'ils occupent, en faisant la déclaration prescrite, et supprimant la messe; que les Rois restent sur leurs trônes aussi long-temps que Dieu voudra les y maintenir; que chaque individu reste paisible chez lui. Mais abattons seulement l'idolâtrie, et faisons tout rapporter à notre Créateur, à ce Dieu qui renouvela au roi David ses très hautes promesses concernant son Messie et le bonheur du Monde, auxquelles tous les Rois de la terre se soumettront lorsqu'il plaira à sa divine Majesté de le manifester.

J'ai l'honneur d'être,

Monsieur,

Votre très humble et obéissant serviteur,

Signé LACOSTE.

Réponse de M. de Flauzac, Député, à la lettre ci-dessus.

A M. LACOSTE, A PARIS.

Paris, le 14 juin 1826.

Monsieur,

Abattre l'idolâtrie, faire tout rapporter à Dieu, est un projet de tout honnête homme........... ....Le Pape seul, comme chef spirituel du Monde chrétien, pourrait donner suite à vos Mémoires. Il est de toute inutilité de persister dans votre projet d'établissement d'une religion nationale, etc., etc.

Votre très humble et dévoué serviteur,

Signé FLAUZAC.

A Son Excellence le Ministre des cultes, Évêque d'Hermopolis.

Paris, le 8 juin 1826.

J'ai l'honneur de dire à Votre Excellence qu'un membre de la Chambre des députés m'ayant donné le discours que vous avez prononcé à ladite Chambre dans le mois dernier, me dit en même temps qu'il contenait des passages qui étaient des réponses faites au Mémoire que j'ai adressé au Roi, le 8 du dernier, que Votre Excellence connaît, concernant la fausse résurrection prouvée et manifeste de Jésus-Christ, d'après laquelle les apôtres rejettent la religion qu'ils établirent, et vous disent toujours engagés dans vos péchés. En une lettre que j'ai écrite à cet égard à S. Em. l'archevêque de Paris, le 31 mai dernier, je lui ai dit : « Il n'est point de motif, point de vues qui puissent autoriser à maintenir de faux dogmes d'après lesquels on voit évidemment idolâtrer. Au nom de Dieu et des apôtres, il est déclaré être idolâtrie le sacrifice de la messe, n'y étant contenu qu'un faux Messie, c'étant un esprit. » Après avoir lu le discours de Votre Excellence, j'ai écrit à ce député relativement auxdits passages dont il me parla, et lui ai dit : « Je n'ai point dit que le nouveau sacerdoce serait érigé en Église nationale, l'autorité épiscopale étant maintenue, puisque ce sera à elle seule qu'il appartiendra de conférer le sacerdoce. Elle aura aussi pleinement le droit de se choisir son souverain Pontife, ou de reconnaître encore le même Évêque de Rome ; mais ne pouvant plus parler de successeur de saint Pierre, c'étant un autre sacerdoce. Je trouve que le même ministre des affaires ecclésiastiques a fort bien décidé en jugeant que les causes exposées fussent soumises à une réunion d'ecclésiastiques, de magistrats et de conciles. Mais le même ministre, qui manifeste tant de craintes de révolutions, convient sans doute que les choses révélées ne pouvaient se dire autrement qu'ainsi qu'elles sont ; que tous les ecclésiastiques, haut et bas clergé, restent aux mêmes places qu'ils occupent, en faisant la déclaration prescrite et supprimant la messe ; que les Rois restent sur leurs trônes aussi long-temps que Dieu voudra les y maintenir ; que chaque individu reste paisible chez lui ; mais abattons seulement l'idolâtrie, et faisons tout rapporter à notre Créateur. »

Votre Excellence a dû voir audit Mémoire qu'il y est dit : « Jamais la dignité de prêtre n'a été si bien connue qu'elle le sera, le ministre du Seigneur ne pouvant être méconnu. » Et j'ai aussi dit à des ministres d'État et à des prêtres, que s'ils perdaient un sacerdoce, ils passaient en même temps et de suite à un autre, mais beaucoup plus éminent, en lequel ils seront aimés et chéris de tous les hommes indistinctement. J'ai demandé à Votre Excellence une réponse, et je la lui demande encore. Je suis toujours à l'hôtel de la Providence, passage des Messageries royales, près de la rue Montmartre.

J'ai l'honneur d'être,

De Votre Excellence,

Le très humble et obéissant serviteur,

Signé LACOSTE.

Parties des discours de S. Exc. le ministre des affaires ecclésiastiques, faits à la Chambre des députés, aux séances des 25, 26 *et* 27 *mai* 1826, *à Paris; du Ministre de l'intérieur, des Députés MM. Royer-Collard, Méchin, Benjamin Constant, Agier.*

M. l'évêque d'Hermopolis dit :

« Messieurs,

» Depuis l'ouverture de la session, quelques plaintes se sont élevées dans cette Chambre au sujet du clergé : des observations ont été faites sur son état présent dans notre nouveau système politique. Ces plaintes, ces observations n'ont pas été renfermées dans cette enceinte; elles ont été naturellement portées dans la France entière par la voie ordinaire des feuilles publiques; et peut-être il n'est pas indifférent à son repos que tous ces objets soient discutés avec quelque maturité, appréciés et réduits à leur juste valeur. Je me propose aujourd'hui de donner des éclaircissemens sur ces matières, et je me plais à les donner devant vous, Messieurs, qui avez sincèrement à cœur les vrais intérêts de la religion et de votre patrie, et qui, appelés à balancer ici les destinées de la France, devez attacher tant de prix à ce qui peut affermir la paix domestique et civile, calmer les esprits agités, et les guérir enfin, s'il est possible, de je ne sais quelle maladie indéfinissable qui semble les travailler en ce moment....... Je sais très bien que par la nature des choses que j'ai à traiter, ma position est très délicate; probablement la Chambre le sent comme moi; peut-être même est-il des personnes qui ont déjà conçu d'avance des inquiétudes sur ce que je vais dire...... Sans doute il serait téméraire de chercher les questions difficiles, mais elles sont quelquefois inévitables; et quand elles se présentent il faut avoir le courage de s'y engager. Je puis dire même qu'elles ne sont pas sans attrait, par cela seul qu'elles ne sont pas sans péril; c'est un combat, et j'ai assez souvent éprouvé qu'il n'était pas impossible d'en sortir heureusement...... Il ne s'agit pas de s'arrêter à de vagues allégations, qui, une fois jetées dans le public, vont en se grossissant à mesure qu'elles s'éloignent de leur origine....... Commençons, Messieurs, par bien nous fixer sur la controverse qui s'ouvre en ce moment; il faut se rappeler qu'il est des points de croyance communs à toutes les églises catholiques..... Je suis intimement convaincu que si l'on voulait faire de nouvelles tentatives pour fonder au milieu de nous une église nationale, séparée de Rome, on verrait avec les mêmes persécutions se renouveler le même courage....... Mais il est des questions purement théologiques qui n'ont pas été fixées d'une manière irrévocable par l'Église...... ce sont là de simples opinions qui, quelque respectables qu'elles puissent être, ne forment pas des articles de foi; elles sont abandonnées aux disputes des écoles, et ici commence la différence entre les ultramontains et les gallicans....... Nous avons une hiérarchie dont tous les degrés sont assez clairement marqués; tout cela ne laisse pas de constituer une organisation à laquelle le temps viendra successivement ajouter les améliorations désirables. Ainsi, par exemple, il existe des causes mixtes, c'est-à-dire, moitié spirituelles, moitié civiles; pourquoi ne seraient-elles pas portées devant une réunion d'ecclésiastiques et de magistrats?..... Pourquoi ne se tiendrait-il pas encore soit des conciles provinciaux dans chaque métropole, soit même un concile plus considérable dans la capitale, afin que les évêques pussent concerter ensemble des règlemens de discipline, et établir en tout une conformité de principes et de vues, qui sans cela ne peut exister, et qui serait si précieuse. Ce ne sont là que des idées générales et vagues, plutôt qu'un projet qui soit sur le point de se réaliser; mais j'ai cru devoir vous le présenter brièvement comme devant servir de base à l'établissement d'un ordre de choses si long-temps désiré, et qui assurerait de plus en plus pour le bien des peuples, l'accord parfait du sacerdoce et de l'empire. Telles sont, Messieurs, les explications que j'avais à donner au sujet du clergé; j'espère que j'aurai porté quelques lumières et quelques convictions dans vos esprits. J'espère qu'à l'aide de ces éclaircissemens, les imaginations au dehors seront un peu plus calmes, qu'il y aura moins d'aigreur et moins d'emportement dans les âmes..... Il est certain qu'il y a un grand mouvement de crainte et d'espérance dans tous les esprits.... Ce n'est pas pour inspirer de vaines terreurs que j'ai cru devoir prendre devant vous la parole. »

M. Agier dit :

« Je dirai que la cause de l'affligeante division des royalistes est dans les progrès des idées ultramontaines, et non, comme l'a prétendu M. Blangy, dans la circulation des mauvais livres. (Bruyantes exclamations à droite.) Je répèterai ce que j'ai entendu; c'est bien là ce qu'a dit M. Blangy, et il s'est trompé; car, je vous le demande, quelle influence des mauvais livres peuvent-ils exercer sur des hommes éclairés comme nous. (Murmures mêlés de rires.) Non, Messieurs, je le répète, la cause réelle de nos divisions est dans ces idées ultramontaines (les rumeurs se renouvellent avec force); dans ces idées ultramontaines que le prélat vénérable qui siége aujourd'hui dans cette enceinte, a, l'année dernière, foudroyées du haut de notre tribune. (Murmures et agitations continus.) Mais, malgré les foudres de son éloquence, elles ont fait un chemin immense, un chemin tellement effrayant..... (Ici la voix de l'orateur est étouffée par le bruit.) J'en donnerai pour preuve une phrase prise au hasard dans l'un des journaux du ministère. Ecoutez, Messieurs, et jugez. On y appelle fallacieuse la protection accordée par la Charte à tous les cultes : je sais que le ministère ne partage pas ces monstrueuses doctrines; elles l'ont débordé. (Nouvelle explosion de murmures.) L'un de nos louables collègues a prétendu qu'il est certaines choses qu'il faut avoir la discrétion de ne pas dire; quant à moi, Messieurs, je ne puis partager cette opinion, ma conscience conseille tout autrement : j'ai cru devoir vous signaler le danger afin que la vérité n'apparaisse pas comme la foudre qui frappe en même temps que l'éclair. »

M. Royer-Collard est appelé à la tribune. (Vif mouvement d'intérêt suivi d'un profond silence.) Il dit :

« Les illusions ne sont pas de ce temps, je ne m'en fais point; je sais bien que le ministère, désarmé de la licence, pourra se retrancher dans les innombrables prétextes des circonstances graves. Je ne puis cependant m'empêcher de croire que c'est gagner quelque chose que de l'obliger à produire, au lieu d'allégations vagues, des faits précis et publics, survenus après les Chambres. Il faudra bien que ces faits soient visibles et palpables; nous entendrons bien si les circonstances grondent; il sera impossible de tromper la France. La raison, il est vrai, ne remporte point la victoire; mais la déception des paroles est usée. Si les circonstances graves ne sont pas ce qu'il est nécessaire qu'elles soient pour légitimer la censure, c'est-à-dire de grands événemens, de grands désordres, des cas extraordinaires qu'on ne saurait prévoir (c'est la définition loyale de M. de Montmorency), la censure ne sera encore qu'un coup d'état. L'opinion de la France l'a flétrie. (Nouveau mouvement suivi bientôt d'un profond silence.) La censure appartient à la police politiquement.... Avant de s'engager dans la route des coups-d'état, le ministère doit faire de sérieuses réflexions sur l'avenir de notre monarchie, sur son propre avenir. De tous les coups d'état qui pourraient être tentés aujourd'hui, si l'établissement de la censure est le plus séduisant par la facilité de l'exécution, je n'en sais point qui ait cependant de si périlleuses conséquences. Tout l'édifice constitutionnel s'ébranlerait; depuis que le gouvernement représentatif a été faussé, la liberté de la presse est l'unique et dernier lien entre le gouvernement et le pays. Ce lien rompu, que restera-t-il? Par quelle voie les griefs publics, si animés, si nombreux, monteront-ils chaque jour jusqu'au trône? Est-il d'une politique, je ne dis pas magnanime, mais seulement prévoyante, d'isoler le Roi de ses peuples? Messieurs, si vous lisez l'histoire, elle vous dira que les coups d'état ont perdu plus de gouvernemens qu'ils n'en ont sauvé. »

Le ministre de l'intérieur réclame la parole et parle après M. Royer-Collard.

« Messieurs, dit Son Excellence, la question que vient de soulever l'orateur est tout-à-fait étrangère à la discussion du budget. En montant à la tribune il n'a voulu apparemment que donner une leçon au ministère sur l'exécution de la loi du 17 mars 1822. Il vous a exposé la doctrine d'après laquelle cette loi doit être, suivant lui, interprétée; et il résulterait des considérations qu'il vous a présentées, que nous ne pourrions user de la faculté que l'article 4 de cette loi garantit au gouvernement, sans faire ce qu'on appelle un coup d'état. Nous pourrions écouter en silence et avec modestie les conseils que nous donne l'honorable membre. Nous pourrions sans engager de controverse en faire notre profit. » (*De la Censure.*)

M. Méchin est appelé à la tribune et parle après le susnommé ministre, et il dit :

« Je ne sais quelle influence ministérielle domine les censeurs actuels et en fait le désespoir des auteurs; quand une pièce a été adoptée par les censeurs, que le rapport a été fait au ministre, que la permission de jouer la pièce est donnée, la représentation peut encore être arrêtée; alors l'auteur désespéré ne sait à qui s'en prendre et n'a d'autre ressource que de maudire le ministère. » (On rit.) M. Méchin témoigne tout le désir de voir cesser toutes les vexations auxquelles sont exposés les gens de lettres.

M. Benjamin Constant monte à la tribune et dit :

« Messieurs, je n'aurais pas pris la parole à cette époque avancée de la discussion, si je ne croyais pas nécessaire de répondre quelques mots à ce qu'a dit M. le ministre de l'intérieur en réponse à mon honorable ami, M. Royer-Collard. De quelque obscurité que le ministre ait voulu s'envelopper, le résultat de sa réponse est clair, c'est que les ministres méditent le rétablissement de la censure; si cela n'était pas il n'aurait pas faussé les motifs de la loi de 1822, et mis à la place des mots *circonstances graves*, qu'on nous avait fait adopter après une longue discussion, je ne sais quelle irritabilité que les journaux jettent dans les esprits : par ce changement il a pleinement confirmé les craintes de la France et celles qui ont été exprimées à cette tribune. Oui, Messieurs, le ministère veut la censure, car il n'aurait pas faussé le sens d'une loi s'il ne voulait d'avance se ménager un prétexte pour préparer les esprits à l'exécution de ce coupable dessein..... Quand vous dites, il faut la censure, c'est dire nous voulons vexer impunément tous les citoyens, et que qui que ce soit, excepté l'autorité, ne connaisse ces vexations. Vous voulez isoler tous les Français pour que personne ne puisse se plaindre (bravos à gauche); il est évident que si les ministres veulent établir la censure, c'est pour eux seuls.

« Un journal (*le Courrier français*) du 29 mai 1826, article PARIS, dit : « Lorsque nous avons émis dans cette feuille notre opinion sur les paroles prononcées le 25 mai par M. le ministre des affaires ecclésiastiques...... Avant de nous occuper de ce fait, qui va avoir une grande importance sur les événemens (car nous en sentons toute la gravité)..... » Nous voilà donc réduits à souffrir les déportemens d'une jeunesse présomptueuse, à voir nos familles inquiétées dans leurs croyances, nos villes agitées, et les citoyens sans cesse en froissement avec un pouvoir inexpérimenté, qui ignore ses limites ou qui les méconnaît, jusqu'à ce qu'il plaise au temps d'adoucir cette âpre verdeur. Il nous semble qu'il serait plus convenable d'inspirer un esprit de paix et de concorde aux élèves attendus par le saint ministère, etc. »

MINISTÈRE DE LA MAISON DU ROI.

Lettre de S. Exc. le Duc de Doudeauville, Ministre de la Maison du Roi.

Paris, le 23 mai 1826.

J'ai reçu, Monsieur, la lettre que vous m'avez

écrite; mais comme elle traite d'une matière étrangère aux attributions de mon ministère, je ne puis que vous engager à vous adresser à qui de droit, c'est-à-dire à M. le ministre des affaires ecclésiastiques ou à Mgr. l'archevêque de Paris.

Recevez mes regrets, Monsieur, en même temps que l'assurance de mes sentimens,

Le Ministre secrétaire-d'Etat de la Maison du Roi,

Signé le Duc de DOUDEAUVILLE.

Adresse.

MINISTÈRE DE LA MAISON DU ROI.

SERVICE DU ROI.

Monsieur LACOSTE,

Hôtel de la Providence, passage des Messageries royales. PARIS.

A M. Seligman Michel, grand-rabbin du Consistoire des Israélites, à Paris.

Paris, le 23 mai 1826.

Monsieur,

J'ai l'honneur de vous faire connaître la lettre écrite hier à M. Marron, président du consistoire des protestans, à Paris; elle vous intéresse d'autant plus que, d'après ce qui a été écrit, le 20 de ce mois, à M. le duc de Doudeauville, ministre de la Maison du Roi, pour qu'il le communiquât à Sa Majesté, des prêtres, qui ont connu le Mémoire adressé au

Roi le 8 de ce mois, ont manifesté ne pouvoir s'empêcher de déclarer leur déchéance, et leur religion renversée par la propre déclaration des apôtres, qui dirent que si la résurrection de Jésus était fausse, la religion qu'ils établissaient serait vaine; et la fausse résurrection est manifeste, d'après les documens produits audit Mémoire. Je vous félicite, Monsieur, avec tous ceux de la religion judaïque, de ce que le Seigneur, le Dieu d'Abraham, qui est celui des armées, a fait descendre son auguste vérité sur la terre, qui va vous rendre célèbres dans tout l'Univers, le Messie devant être, selon votre attente, et étant ainsi fait voir que tous les Messies qui ont été reconnus pour tels sur la terre sont faux Messies, parce qu'ils sont tous morts, le vrai Messie étant immortel et devant toujours être; et de quel pays qu'il vienne, il est descendant d'Abraham, selon la promesse de Dieu; et vous participerez par conséquent à la gloire et à la béatitude, selon les promesses de l'Eternel, par son Messie, qui doit régner sur toutes les nations.

Je vous prie, Monsieur, de faire connaître cette lettre à tous les juifs présens à Paris; et je désire aussi que tous ceux des quatre parties du Monde connaissent ce que je vous annonce. Si vous voulez me répondre, je suis à l'hôtel de la Providence, passage des Messageries royales, près de la rue Montmartre.

J'ai l'honneur d'être,

Monsieur,

Votre très humble et obéissant serviteur,

Signé Lacoste.

A M. Ravez, Président de la Chambre des Députés.

Paris, le 25 mai 1826.

Monsieur le Président,

Etant à Bordeaux en juillet de l'année dernière, j'eus l'honneur de vous écrire deux lettres relatives à un Mémoire qui fut présenté à S. M. Louis XVIII en mai 1824, après que plusieurs évêques de France en eurent connu, etc. M. le duc de Duras, premier gentilhomme de la chambre du Roi, instruit que j'avais une suite dudit Mémoire à présenter au Roi, m'écrivit, le 2 de ce mois, pour me dire que si je l'envoyais, il serait présenté à Sa Majesté. En conséquence, je le lui adressai. M. de Flauzac, député de mon département, qui garda quelques jours ces écrits, me conseilla de les livrer aux prêtres, et S. Exc. le duc de Doudeauville m'écrivit, le 6 de ce mois, pour me conseiller d'adresser ces écrits au ministre des cultes, qu'un prêtre lui a communiqués. Je dis à M. de Flauzac, susnommé, qu'il me paraissait convenable de les déclarer à la Chambre des députés. Il m'objecta qu'il n'était pas des attributions de la Chambre de s'en occuper. Mais ces écrits intéressent toutes les personnes; je pense que les Chambres doivent les connaître et donner leurs avis. Ceux de plusieurs prêtres qui les ont connus ont été de dire qu'ils étaient déchus, et qu'ils ne pourraient point célébrer la messe, d'après les vérités révélées, qui sont des documens incontestables. Cela ayant été communiqué de nouveau, le ministre de la Maison du Roi m'a écrit avant-hier, et conseillé d'en communiquer à l'archevêque de Paris.

Si vous voulez, Monsieur le président, connaître ces Mémoires, je vous les adresserai à votre désir.

Je suis à l'hôtel de la Providence, passage des Messageries royales, près de la rue Montmartre.

J'ai l'honneur d'être,

Monsieur le président,

Votre très humble et obéissant serviteur,

Signé LACOSTE.

A M. l'Abbé Cassagne, Missionnaire, à l'établissement des Missions, rue du Bac, à Paris.

Paris, le 26 mai 1826.

Monsieur,

Ayant eu l'honneur de vous voir chez M. Lapeyrière, ex-receveur-général, qui, depuis ce temps, m'a parlé de vous et donné votre adresse, je voudrais pouvoir vous engager à prendre connaissance d'un mémoire que j'ai adressé en ce mois au Roi, et dont ont connu des ministres, évêques, députés, etc. Il en a été déposé une copie à l'établissement rue de Picpus, n°. 15, faubourg St.-Antoine, dont un double a été donné à Son Exc. le ministre des cultes, par un prêtre dudit établissement. Vous y verriez ce que certains prêtres fort éclairés ont prononcé, d'après les documens produits audit mémoire, et que les apôtres ont dit que si la résurrection de Jésus-Christ était fausse, la religion qu'ils établissaient était vaine, et qu'ils crurent que c'était un esprit qui leur apparaissait après ladite résurrection, et non le corps crucifié, et que l'Eglise admet ainsi en ses ministères être aussi un esprit; et l'Écriture disant que Dieu a promis un homme et immortel pour Messie, et non un esprit, comment pouvoir proclamer un esprit pour Messie? Puisque vous êtes missionnaire, vous êtes par conséquent le propagateur d'un Messie spirituel, que l'Ecriture vous dit faux Messie. Mais, Monsieur, je ne doute pas que vous vous conformerez, tous les missionnaires, pères de la foi, jésuites, etc., à ce que de vénérables prêtres, fort éclairés, ont jugé émis audit mémoire, que Dieu ayant promis pour Messie un homme et non un esprit, ils cesseraient de célébrer la messe, n'étant contenu sous les espèces du pain et du vin qu'un faux Messie; c'étant un esprit, et il a été ajouté à cette déclaration : Quel esprit est-ce? sourd-muet, inanimé, en un mot semblable aux idoles.

Cependant les journaux sont remplis, depuis quelques jours, d'émeutes occasionnées par vos missions, et en voulant propager la foi d'un faux Messie. Je m'écrie ici avec l'apôtre St. Paul, qui a dit : « Si la résurrection est fausse, notre prédication est vaine, et votre foi l'est aussi : vous êtes encore engagés dans vos péchés. »

Je désire, Messieurs les missionnaires, qu'en rendant la même justice que les vénérables prêtres dont il est ici question, vous cessiez toutes vos missions, et remplissiez vos fonctions sacerdotales selon qu'il est prescrit audit mémoire.

Je souhaite, Monsieur, que vous me répondiez.

Je suis logé à l'hôtel de la Providence, passage des Messageries royales, près de la rue Montmartre.

J'ai l'honneur d'être,

Monsieur l'Abbé,

Votre très humble et obéissant serviteur,

Signé Lacoste.

A Son Eminence le Cardinal de Quélen, Archevêque de Paris.

Paris, le 31 Mai 1826.

J'eus l'honneur de faire connaître à Votre Eminence, le 14 avril dernier, que j'avais livré à M. de Flauzac, député, des écrits de la plus haute importance, en lesquels la fausse résurrection de Jésus-Christ est prouvée manifeste, autant en les documens produits qu'en les dogmes de l'Eglise, qui admettent un esprit en le St. Sacrement, et qu'en ce que les apôtres crurent en voyant celui qui apparut après ladite résurrection, qu'ils prirent, dit l'Evangile, aussi pour un esprit. Cet esprit, vous le reconnaissez et proclamez pour Messie ; et l'Ecriture assure que le Messie ne doit point être un esprit, mais un homme immortel et sacré par Dieu. L'esprit qui apparut aux apôtres, après ladite résurrection, en les quittant, leur disant que le royaume d'Israël serait rétabli, n'annonce-t-il pas ainsi le vrai Messie?

Ayant eu occasion de voir un missionnaire chez M. Lapeyrière, à Paris, je lui ai adressé des passages desdits écrits, et en l'invitant, avec tous ses confrères, à cesser de faire leurs missions, qui viennent d'occasionner à Rouen des émeutes et massacres, et lui ai dit en propres termes, je m'écrie avec l'apôtre St. Paul, qui a dit : « Si la résurrection de Jésus-Christ est fausse, notre prédication est vaine, votre foi l'est aussi : vous êtes encore engagés dans vos péchés. »

Mais à présent, en voyant évidemment la fausseté de cette résurrection, d'après laquelle les apôtres renversent et rejettent la religion qu'ils établirent, comment pourrez-vous, les prêtres, célébrer la messe, et adorer en ce sacrifice un esprit pour Messie que l'Ecriture vous dit faux Messie? Dieu est outragé en les erreurs et idolâtries que renferment les religions! Il n'est point de motifs, point de vues, qui puissent autoriser à maintenir de faux dogmes, d'après lesquels on voit évidemment idolâtrer. Je sais que certains prêtres fort éclairés ont voulu, d'après les vérités révélées, cesser de célébrer la messe. Je leur dis d'attendre que le principal corps qui compose l'Eglise, ait déclaré reconnaître erreur ce qui est exposé l'être en lesdits écrits. Les ayant déposés dans l'établissement religieux, rue de Picpus, n°. 15, faubourg St.-Antoine, je priai un prêtre de les livrer à Son Exc. le Ministre des Cultes, d'après ce que me conseilla le Ministre de la Maison du Roi, et ce prêtre me dit l'avoir fait. Je présume que Votre Éminence en est instruite; et connaissant son attachement pour le Créateur de toutes choses, elle va contribuer, je n'en doute, à ce qu'il soit fait que le plus tôt possible l'erreur récemment fait connaître en la religion catholique finisse, et que les prêtres continuent d'exercer leurs fonctions sacerdotales, après avoir fait la déclaration prescrite en lesdits écrits. Je vous instruis de ceci d'après les conseils qui viennent de m'être donnés par S. Exc. le Ministre de la Maison du Roi.

La fausse résurrection est manifeste, et ainsi les apôtres mêmes rejettent la religion qu'ils établirent; et au nom de Dieu et des apôtres, il est déclaré être idolâtrie le sacrifice de la messe, n'y étant contenu qu'un faux Messie, c'étant un esprit.

Je désire que Votre Éminence veuille me répondre. Je suis toujours à l'hôtel de la Providence, passage des Messageries royales, près de la rue Montmartre.

J'ai l'honneur d'être,

De Votre Éminence,

Le très humble et très obéissant serviteur;

Signé Lacoste.

Copie de la lettre écrite à Sa Majesté le Roi de France, en date du 20 mai 1824.

Sire,

En adressant à M. le Préfet du département du Lot le Mémoire que j'ai l'honneur de présenter ce jour à Votre Majesté, je demandai qu'il vous en fût fait connaître; les réponses verbales et indirectes que j'en eus, ne purent me rassurer sur ce que je demandai, me trouvant ensuite à Bordeaux. J'adressai aussi à M. le préfet de la Gironde un même Mémoire, et quelques jours après, Madame la Duchesse d'Angoulême étant arrivée dans cette ville, j'eus l'honneur de lui transmettre une copie dudit Mémoire, m'imaginant que Votre Majesté en connaîtrait ainsi plus facilement. Elle verra, Sire, en la réalité de certains faits, comme doit être envisagé ce qui est dit devoir être. La seule chose que je demande à Dieu, de vouloir éclairer les esprits, afin qu'ils connaissent la vérité de toutes choses exposées et fondées même sur l'Ecriture-Sainte, ainsi que des passages produits le manifestent.

Veuille Votre Majesté prendre connaissance de tout ce que j'ai l'honneur de lui présenter, et m'accorder sa puissante protection, dont j'ai besoin.

J'ai l'honneur d'être, Sire, de Votre Majesté,

Le très humble et obéissant serviteur et sujet,

Signé LACOSTE.

Copie de la lettre écrite à Mgr. l'évêque d'Hermopolis, en date du 27 mai 1824.

Monseigneur,

J'ai l'honneur d'instruire Votre Grandeur qu'il m'a été fait connaître par un député qu'un Mémoire qui fut remis à Mgr. l'évêque de Perpignan, en avril dernier, et adressé à Sa Majesté le Roi de France, le 20 de ce mois, avait été refusé pour mettre à la presse, et en émettant des difficultés en ce que ce pourrait être l'autorité ecclésiastique qui put donner son avis pour l'impression de ce Mémoire. Si vous voulez, Monseigneur, conférer avec moi là-dessus, et me donner une audience, je me rendrai là où vous voudrez, à l'heure indiquée, et produirai la copie de ce Mémoire. Je suis logé à l'hôtel de la Providence, passage des Messageries royales, rue Montmartre.

J'ai l'honneur d'être, Monseigneur, de Votre Grandeur,

Le très humble et obéissant serviteur,

Signé LACOSTE.

A Monsieur le Maire de Belaye.

Jouan, le 28 décembre 1824.

J'ai observé mûrement, Monsieur, les divers papiers écrits depuis 1807, et dont vous avez connu le 2 mars 1816, et notamment les copies des lettres et autres écrits y relatifs, que je vous ai adressés ledit 2 mars, où j'ai vu rapportés les différens faits que je vous donnai en abrégé dans le courant, d'après quoi vous avez vers vous des pièces assez prépondérantes pour en faire connaître à M. le préfet de ce département et à M. l'évêque de Cahors. Il ne peut y avoir de répugnance de votre part puisque vous n'avez qu'à produire ce que vous connaissez de ma correspondance avec M. le curé de Grèzels, depuis le 27 février 1811 jusqu'en 1817. J'ai les copies des lettres que je lui ai adressées depuis le 27 février 1811, époque à laquelle je lui présentai mon mémoire, et les réponses qu'il m'a faites. Je vous donnai, il y a long-temps, les noms des personnages à qui j'adressai, en octobre 1810, les écrits relatifs à la grande révélation de 1807, et vous pouvez voir que c'était au pape, à Bonaparte, alors empereur, à l'archevêque de Bordeaux, aux préfet et maire de ladite ville, à MM. les curés de Saint-Michel et Saint-Louis, à MM. les grands-vicaires du diocèse de Paris, le préfet de la Seine et le curé de Saint-Sulpice. Il a été exposé qu'il avait été parlé en ces divers écrits de la grande révélation de 1807, des guerres de ce temps, de la fin des conquêtes de cet empereur, et ainsi qu'on l'a vu. Ce que m'écrivit M. le curé de Grèzels, le 7 septembre 1816, et ma réponse à cette lettre relativement à la prédiction du renversement de Bonaparte, sont des faits dont il vous a été fait connaître le 9 juillet 1817 et en ma lettre du 7 août 1816; je vous envoyai aussi, le 2 mars 1816, un abrégé du mémoire présenté à M. le curé de Grezelle le 27 février 1811, où l'on peut voir qu'il fut dit par un ange en l'apparition du 2 mars 1807: « Dieu, en t'apparaissant, le 16 mai 1785, avec les anges, sous la figure d'un prêtre en aube, te fit mourir et en même temps ressusciter, et tu ne mourras plus; tu te maintiendras le même sans plus vieillir à un âge déterminé. Dieu, voyant le passé, le présent et l'avenir, je te vois dans un temps où tous tes parens et tous ceux qui te tiendraient à un degré de parenté sont morts, et que tu n'as plus de parens sur la terre, et je te vois où tu seras alors sur la terre, et je te vois encore dans d'autres temps plus éloignés, tel que tu seras et où tu te trouveras. Je pourrais encore te dire beaucoup en cela de la suite de ce temps, et comme je t'y vois. Ayant oublié surnaturellement que Dieu t'apparut en 1785, comme il fut alors dit que tu l'ignorerais pendant un nombre d'années, et devant bientôt le savoir, et tout ce qui t'aura été manifesté pendant ta vie devant aussi te venir bientôt admirablement en mémoire, sans que nous te le disions ni t'apparaissions. Cette même apparition que tu viens d'avoir commencera par te venir en mémoire, et tout ce que je viens de te dire te viendra aussi. Lorsque Dieu t'apparut le 16 mai 1785, il fut dit que les mauvais anges pourraient se manifester à toi dans le temps qui précéderait celui auquel la mémoire de ce qui t'arriva en 1785 te viendrait, et tu ne sauras pas alors pourquoi ils se manifesteront ainsi à toi; mais tu le connaîtras quand il te sera venu en mémoire que Dieu t'apparut, etc. »

Il a été exposé que ces manifestations arrivèrent en 1807, ainsi qu'il fut prédit en cette apparition du 2 mars de ladite année 1807; et vous avez vu, M. le Maire, la relation des choses merveilleuses manifestées dans les Landes de Bordeaux et ses alentours, dans les jours et nuits des 14, 15 et 16 août 1807, et en ce pays dans les derniers jours de septembre et premiers jours d'octobre de la même année 1807, et que, dans le mois de novembre suivant, il fut remémoré Dieu avoir apparu avec les anges, le 16 mai 1785.

Je vous ai plusieurs fois demandé, M. le Maire, une déclaration de tout ce que je vous ai exposé relativement à cette grande révélation de 1807; et après avoir présenté mon mémoire à M. le curé de Grèzels, le 27 février 1811, je demandai aussi une déclaration des autorités du lieu de la présentation de ce mémoire, et le 13 juillet de ladite année 1811, M. le curé de Grèzels m'écrivit la lettre transcrite ci-après.

« Je conserve, précieusement, mon cher Lacoste, le Mémoire que vous m'avez envoyé le 27 février de cette année; mais lorsque j'ai voulu le faire connaître, on n'a pas voulu croire aux merveilles que vous m'annoncez, à moins que vous ne veniez vous-même pour assurer verbalement les faits contenus dans ledit Mémoire. Je ne vous envoie pas la déclaration que vous me demandez, parce qu'on ne veut la fournir qu'à vous-même. Venez donc, mon cher, parce que tout ce que vous me dites ne produira aucun effet sans votre présence; vous aurez beau m'écrire, vous n'en serez pas plus avancé, au lieu que si vous venez on vous satisfera de suite. Je vous salue, mon cher Lacoste, et j'attends votre retour à Grèzels très prochainement.

» *Signé* DUBERNARD.

» 13 Juillet 1811. »

Je vous rappellerai aussi, M. le Maire, ce que vous m'écrivîtes le 13 juin 1817, relativement à la même déclaration.

A Monsieur Paul Lacoste, propriétaire, près de Grèzels.

« Je suis toujours disposé à vous donner le certificat que vous m'avez demandé il y a long-temps, mais je dois vous dire qu'étant laïc, je m'en réfère à la décision de M. Dubernard, dont j'apprécie infiniment les connaissances, etc.

» *Signé* BERCEGOL. »

Vous m'avez aussi manifesté en plusieurs autres lettres, M. le Maire, devoir avoir des conférences avec M. Dubernard, curé de Grèzels, relativement à cette déclaration demandée depuis 1811; mais l'un et l'autre m'avez laissé ignorer le résultat de vos délibérations à cet égard, et même si vous en aviez fait connaître au prédécesseur de M. le nouveau préfet et à M. l'évêque de Cahors, cela vous ayant été demandé à l'un et l'autre depuis plusieurs années et 1811.

Il était rapporté au Mémoire qu'il avait été dit le 16 mai 1785 : L'enfant à qui l'immortalité est donnée sera attaché à tous les hommes de quelle religion qu'ils soient, et vous avez vu qu'à cette occasion il avait été adressé des écrits en 1810 à M. Abraham Andrade, docteur israélite, et à M. Martin, ministre protestant à Bordeaux.

Il vous a été aussi exposé des passages de l'Ecriture extraits de l'ancien et du nouveau Testament; on peut en voir à l'Évangile de S. Jean, chap. 14, et qu'il y est dit.... « Désormais je ne vous parlerai plus guère, car le Prince de ce monde va venir, non qu'il ait aucun pouvoir sur moi, mais afin que le monde connaisse que j'aime mon père, etc. »

Jésus-Christ dit aussi que le royaume d'Israël sera rétabli en des temps et momens qui sont à la disposition de Dieu le père; et d'après ce qui a été révélé, ce roi d'Israël et prince du monde sera celui-là même dont l'apôtre S. Paul parle en sa septième épître aux Hébreux, qu'il appelle Melchisédech, qu'il fait immortel et de toute éternité, et dont il est aussi parlé en Moreri, en la Genèse, et en autres livres saints.

Il fut rapporté au Mémoire qu'il avait été dit, en l'apparition du 16 mai 1785, que le monde ne périrait jamais et qu'il durerait éternellement, et que la terre ayant été mise en vue aux anges telle qu'elle sera dans les siècles à venir, ils la virent là où en des endroits c'est à présent champ ou désert rempli d'habitans et de nouvelles villes; tous les peuples de la terre, unis entr'eux, ne professant qu'une seule et même religion, tous les états dans l'opulence, le commerce et tous les arts dans la plus grande vigueur, tous les peuples de l'univers communiquant entr'eux avec la plus grande liberté. Il n'y avait plus sur la terre ni guerres ni révolutions; on ne voyait plus sur l'Océan des hommes en se rencontrant se battre, se tuer; enfin l'esprit de la discorde était abattu, et l'homme avait cessé de détruire son semblable et d'en faire un trafic.

Vous avez vu, M. le Maire, la relation des choses et faits manifestés par des anges et autres esprits, près de Bordeaux, dans le mois d'août 18.7; il en fut parlé en 1810 en les divers écrits qui furent adressés, et au Mémoire envoyé en 1811 à M. le curé de Grèzels, et dit: quelles fortes preuves n'ai-je pas de ce qui m'arriva le 16 mai 1785, en tout ce que me dirent des esprits célestes et me manifestèrent près de Bordeaux, dans la nuit du 14 au 15 août, dans l'autre nuit suivante et dans la journée du 16 août, jour du dimanche, dans les landes de Bordeaux, et en Querci, dans les derniers jours de septembre et premiers jours d'octobre de ladite année 1807; et m'étant surtout venu, dans le mois suivant, que Dieu m'apparut avec les anges, étant enfant, et le 16 mai 1785, et tout m'étant ainsi venu et manifesté comme il me fut prédit en l'apparition du 2 mars de la susdite année 1807.

Vous m'avez dit, M. le Maire, en cette année, que vous conserviez avec soin les divers écrits que je vous ai adressés concernant cette révélation; je termine celui-ci en vous demandant de nouveau d'en faire connaître à M. l'évêque de Cahors et le préfet de ce département. Vous avez été instruit de ce qui en avait été communiqué à trois autres maires de ce pays, qui sont M. le marquis de Guiscar, maire de Puy-L'évêque, M. Boscas-Cazerac, chevalier de Saint-Louis, maire de Grèzels, et M. Henri Combarieu, près de Lauzerte. Faites-moi le plaisir, je vous prie, de communiquer ce que je vous adresse ce jour à M. de Folmont, votre voisin, que j'aurai l'honneur de voir chez lui à son retour de Cahors, ainsi que vous, M. le Maire. Je vous fais mes complimens de condoléance à l'occasion de la grande perte de madame votre mère; j'ai été voir hier le fils de M. Cazerac, Charles Boscas; il m'a paru beaucoup plus malade que je ne le croyais.

J'ai l'honneur de vous saluer, M. le Maire, avec un grand respect.

Signé Lacoste.

A Son Altesse Royale Madame la Duchesse d'Angoulême, au Palais-Royal, à Bordeaux.

Bordeaux, le 9 juin 1823.

Madame,

J'ai l'honneur de transmettre ci-joint à Votre Altesse Royale un écrit pareil à un autre qui a été adressé à M. le Préfet de ce département le 22 mai dernier, avec la lettre ci-transcrite.

A Monsieur le Préfet du département de la Gironde, à Bordeaux.

Monsieur le Préfet,

Celui qui a adressé à un de vos prédécesseurs, en octobre 1810, un écrit concernant une grande révélation en 1807, est le même qui vous adresse présentement celui-ci inclus, où l'on peut voir qu'il en fut alors adressé plusieurs autres aux premières autorités de cette ville, etc. Vous verrez, M. le Préfet, par ce qui a été dit à celui du département du Lot, d'où je suis; plusieurs maisons marquantes de cette grande ville me connaissent et mes parens.

Je ne puis m'empêcher de certifier de nouveau que tout ce que vous verrez exposé a été ainsi dit et manifesté en toutes ces époques. Dieu en connaît la vérité, et des personnes fort respectables en sont témoins pour en avoir entretenu pendant longtemps une correspondance.

J'ai l'honneur d'être, M. le Préfet, etc.

J'ai à ajouter, Madame, que les choses contenues en ledit écrit, ont été aussi vrai révélées et manifestées en les temps dont les dates sont données, qu'il est évident qu'on peut se convaincre de ce qu'il en a été écrit.

J'ai l'honneur d'être, Madame, de Votre Altesse Royale, le très humble et obéissant serviteur.

Signé LACOSTE.

Tout ce qui est rapporté en ces deux feuilles a

été adressé à S. A. R. Madame la Duchesse d'Angoulême, étant à Bordeaux, ainsi qu'à M. le préfet de la Gironde, aux susdites époques, et aussi à M. le préfet du Lot, le 14 janvier 1823, et le 20 mai 1824, au roi de France, et à des évêques et ministres, députés, etc.

A Monsieur le Préfet du département du Lot, à Cahors.

Jouan, le 14 janvier 1823.

Monsieur le Préfet,

Ayant été demandé à M. le Maire de Belaye d'avoir l'honneur de vous présenter ce qui fait partie d'un Mémoire adressé à M. le curé de Grèzels, le 27 février 1811, et ne sachant point qu'il vous en ait été fait connaître la majesté du sujet de ce Mémoire et la vérité de ce qu'il contient, et de la correspondance qui a eu lieu après sa présentation jusqu'en 1817, me provoque à vous l'exposer moi-même. Je suis un habitant de ce département et propriétaire dans la commune de Belaye, au lieu de Jouan, canton de Luzech, arrondissement de Cahors. Après avoir connu ce que j'ai l'honneur de vous présenter ce jour, il vous serait adressé, selon vos désirs, d'autres pièces faisant partie de toutes ces grandes choses manifestées en 1807. En 1818, MM. les maires des communes de Belaye et Grèzels, ainsi que M. le curé de Grèzels, après avoir entretenu une longue correspondance avec moi, et connu en grande étendue ce qui fut révélé en 1807, me donnèrent chacun une déclaration en laquelle ils énoncèrent bien connaître de mes principes et conduite. Je puis les produire, si elles me sont demandées. La vérité de tout ce qui a été manifesté en 1807, et exposé en 1810 et 1811, et ensuite demande que le gouvernement en connaisse. J'aurai l'honneur de répondre à ce que vous voudrez, Monsieur, savoir, etc.

Signé LACOSTE.

A Monsieur le Maire de Belaye.

Du 9 juillet 1817.

Je crois devoir, Monsieur le Maire, vous faire pant de ce que m'écrivit, le 7 septembre 1816, M. le curé de Grèzels, et de ce que je lui répondis. Le 10 du même mois, M. Dubernard me dit dans sa susdite lettre :

« Je voudrais bien, mon cher Lacoste, pouvoir contribuer à vous désabuser de toutes ces idées fantastiques dont vous cherchez à tourmenter votre imagination ; mais je crains aujourd'hui qu'il ne soit trop tard. Vous avez prédit que Bonaparte ferait des incursions en Espagne, en Portugal, en Russie, et qu'il serait renversé. Cent autres ont calculé comme vous, et mieux que vous, que sa puissance ne durerait pas. Je rappelle que Me. Rayet me dit avoir vu un capitaine anglais, à la Jamaïque, qui lui avait assigné presque le jour où ce colosse de folie devait s'écrouler. Hé bien, je vous assure que ni le capitaine anglais, ni tant d'autres politiques qui ont calculé les probabilités de sa chute, n'ont été tentés de se croire inspirés d'en haut. M. Boscas, M. Bercegol et moi ne nous soucions pas du tout qu'on nous prenne pour des visionnaires ; ainsi, mon cher, lorsque nous vous refuserons les déclarations que vous nous demandez, n'allez pas croire que cela soit par haine, rancune ni animosité, mais bien par la crainte que nous avons, eux et moi, de passer pour des esprits faibles. »

M. Dubernard me dit aussi dans la même susdite lettre que Dieu a établi des règles générales pour régir le monde, et de ne pas me croire privilégié du ciel, ni que Dieu fasse une exception. Le 10 septembre de la même année, je répondis à ladite lettre de M. Dubernard ce que vous verrez transcrit ci-après :

...... « Vous pouvez dire tout ce que vous voudrez, mais je le répèterai; quoi qu'on dise, rien ne peut altérer la vérité de ce qui fut révélé en 1807 et m'arriva en 1785 Trop de choses ont précédé cette révélation pour croire que ce soit pour tromper un enfant. Quel est le mieux fondé, de celui qui doute ou de celui qui sait. Je vous le dirai naïvement, si l'on a à se repentir, ce sera d'avoir dit injustement ce qu'on ne peut, et de n'avoir pas fait ce qu'on aurait dû: En doutant, si ce que je demande m'est refusé, je puis prendre d'autres voies pour faire connaître ce qui arriva en 1785, et fut miraculeusement révélé en 1807. Les esprits forts comme les faibles doivent croire en voyant. Vous l'avez vu, il ne faut pas de science pour convaincre de cette vérité; ce n'est que cette même vérité qui puisse y faire croire. Quant à tout ce que vous me dites des profonds politiques, quel est celui qui écrivit que Bonaparte serait détrôné, et qu'il pouvait l'assurer? Est-il quelqu'un ici-bas qui pût l'assurer, s'il ne le tenait pas d'en haut? Vous savez, Monsieur, de quoi j'étais occupé avant 1807, et que ce n'était ni d'affaires politiques ni de gouvernement; et moi, en ce temps, comme des hommes qui disent avoir senti que Bonaparte serait détrôné, je le croyais inébranlable sur le trône. Si vous aviez présent tout ce que je vous ai écrit, vous verriez que je vous dis que je ne faisais que rapporter ce que des anges avaient dit concernant les mouvemens que Bonaparte ferait faire aux armées pour bouleverser la terre, et qu'il serait détrôné. Mais quel est l'homme qui, dans le règne de celui qui maîtrisait l'Europe, ait écrit expressément qu'il savait que cet empereur devait être détrôné? Il n'est personne qui pût l'assurer, si cela ne lui avait pas été dit ou révélé d'en haut; d'ailleurs la politique des hommes, quelle qu'en soit la profondeur que vous lui croyiez, est trop bornée pour assurer aussi positivement que vous me le dites. Et quel est celui qui, en jugeant de telles choses par l'apparence, aurait pu donner en écrit ce qui devait en résulter. Mais il ne s'agit pas de ces prédictions. Vous vous rappelez, Monsieur, que je demandai en 1811 une déclaration d'une des principales choses exposées, et dont la vérité doit être connue. En février dernier j'en donnai le modèle. Si l'on me rend justice, on ne me refusera pas ce que je demande, etc.

Cette déclaration était ainsi conçue :

« Paul Lacoste, né à Jouan, commune de Belaye, arrondissement de Cahors, département du Lot, le 26 octobre 1775, en un Mémoire qu'il présenta à M. le curé de Grèzels, le 27 février 1811, exposa avoir eu une apparition le 2 mars 1807, en laquelle il lui fut dit par un ange que le 16 mai 1785 Dieu lui avait apparu avec les anges, sous la figure d'un prêtre en aube, chez son grand-père, à Cessac, et qu'en lui apparaissant il l'avait fait mourir et en même temps ressusciter, et qu'il ne mourrait plus; qu'il se maintiendrait le même, sans plus vieillir, à un âge déterminé, etc. »

A M. Dubernard, curé de Grèzels.

Bordeaux, le 11 février 1812.

Le temps qui s'est écoulé depuis que ce que j'ai présenté me vint, m'a fait encore connaître la véritable source des maux passés de la révolution. Après qu'il me fut venu en mémoire, en 1807, tout ce qui m'était arrivé, il me vint qu'il avait été parlé à Cessac des bouleversemens qu'il y aurait eus sur la terre quand ladite mémoire me viendrait, et de ce que je verrais encore concernant des difficultés qu'auraient des armées françaises à s'emparer du Portugal ou de l'Espagne; cela m'étant venu à la susdite époque, je l'écrivis vers l'année 1808, et je l'ai vu se réaliser. Que la frayeur générale en France de 1789, appelée l'alarme générale, ne soit pas regardée sans qu'il y ait de surnaturel. Le même esprit qui l'insinua le manifesta à Cessac, ainsi qu'il est rapporté en mon Mémoire; et s'il n'avait été réprimé, il aurait fait aller les Français dans la Chine avec la même facilité qu'il les fit aller dans la Terre-Sainte. En 1798 ou 1799, et dans le temps à venir, on croira au but auquel tendait cet esprit, en faisant alors aller des armées françaises à Jérusalem.

La réponse que fit l'ange à cet esprit à Cessac, ainsi qu'il est dit au Mémoire que j'ai présenté, démontre clairement que Dieu ne voulait pas de bouleversement sur la terre.

Signé LACOSTE.

En des lettres adressées à MM. le marquis de Guiscar, le curé et pasteur de Tonneins, en février 1818, il fut rapporté ce qui est dit ci-après :

« Dans une lettre du 24 août 1813, aussi écrite au même dit prêtre, curé de Grèzels, il lui fut dit, pour lui rappeler ce qui lui avait été exposé concernant la fin desdites conquêtes, les mots ci-après :

» Dans tout ce que je vous écrivis et ce que vous avez vu, il en est beaucoup pour en bien connaître. Je souhaite, Monsieur, que vous vous y soyez pris de telle sorte à n'avoir rien à vous reprocher ici. Je le répèterai encore, j'ai fait tout ce que j'ai cru devoir faire jusqu'à présent. » Dans la réponse que fit M. le curé de Grèzels à cette dernière susdite lettre, il dit :

« Calmez votre esprit pour la satisfaction de vos amis et pour l'attachement que vous devez à vos parens. » Ecrivant concernant cela au maire de Belaye, il lui fut dit qu'en calmant ledit esprit, cela n'avait pas empêché l'orage d'éclater, qui avait amené ce qui avait été prédit et exposé.

Autre lettre du 2 juillet 1817, à M. le curé de Grèzels.

Je ne puis m'empêcher, Monsieur, de vous communiquer ce que j'ai vu répondre à tout ce qui me fut révélé en 1807 et dit : « En 1785, des mauvais anges ou démons dont il fut parlé le 16 mai de cette dernière année, et dit être libres et agir contre les hommes à leur gré depuis la chute d'Adam, etc. » On voit qu'après que Jésus-Christ eut quitté la terre, les apôtres chasser les démons et les démons mêmes parler : c'est ce qu'on verra dans les actes desdits apôtres; et combien d'autres preuves y a-t-il dans d'autres histoires saintes, qu'après les apôtres les démons se sont manifestés et ont apparu sur la terre, etc. La *Géographie moderne*, par M. l'abbé de Lacroix (ouvrage imprimé en 1788, avec approbation et privilége du Roi), nous fait voir qu'en certaines régions le démon est encore reconnu et adoré comme un dieu sur la terre, à qui il est offert des sacrifices. C'est en regardant ladite géographie qu'on verra dans les trois parties du monde, l'Asie, l'Afrique et l'Amérique, les démons toujours adorés en différentes régions. L'Amérique, qui renferme une infinité de contrées, et qui est dite contenir 150 millions d'habitans, qui sont tous, est-il dit, idolâtres, excepté ceux qui suivent les religions des nations auxquelles ils sont soumis. L'Asie, l'Afrique, qui sont dites contenir 640 millions d'habitans, et que ladite géographie dit être devenues la proie du mahométisme, qu'elle dit aussi être répandu dans les 150 millions d'habitans de l'Europe, et y avoir dans ce dernier nombre plus de la moitié qui ne sont pas de la religion catholique. Puisque les choses étaient telles en 1788, les progrès qu'a faits l'impiété depuis cette dite année ont, et surtout en Amérique, diminué sans doute considérablement le nombre des chrétiens; et combien de peuples ne cite pas cette géographie qui ont renoncé à la religion catholique et reconnu Mahomet pour Messie, et que les seules contrées de la Barbarie ont perdu 400 évêchés. On voit, d'après ladite géographie, le démon et Mahomet reconnus et adorés de plus de trois quarts de la population des quatre parties du monde. Voit-on, d'après cela, comme Dieu est connu sur la terre, et si toutes les nations sont bénies? Hé! que ne voit-on pas aussi dans le moindre nombre de la population de la terre qui reconnaît Jésus-Christ, peut-être plus de la moitié, regardés comme hérétiques, s'étant séparés de l'Eglise? Ce sont des vérités qui ne peuvent se cacher, toutes les religions devant être unies à une seule, selon que Dieu le manifesta le 16 mai 1785, etc., etc.

Signé LACOSTE.

Ainsi se termine ce qui a été rapporté à M. le préfet du département du Lot, le 14 janvier 1823.

A Son Altesse Royale Madame, duchesse d'Angoulême, au Palais-Royal, à Bordeaux.

Bordeaux, le 9 juin 1823.

Madame,

J'ai l'honneur de transmettre ci-joint à Votre Altesse Royale un écrit pareil à un autre qui a été adressé à M. le préfet du département, le 22 mai dernier, avec la lettre ci-transcrite.

A M. le Préfet du département de la Gironde, à Bordeaux.

Monsieur le Préfet,

Celui qui a adressé à un de vos prédécesseurs en octobre 1810, un écrit concernant une grande révélation en 1807, est le même qui vous adresse présentement celui-ci inclus, où l'on peut voir qu'il en fut alors adressé plusieurs autres aux premières autorités de cette ville, etc. Vous verrez, M. le Préfet, par ce qui a été dit à celui du département du Lot d'où je suis. Plusieurs maisons marquantes de cette grande ville me connaissent et mes parens.

Je ne puis m'empêcher de certifier de nouveau que tout ce que vous verrez exposé a été ainsi dit et manifesté en toutes ces époques. Dieu en connaît la vérité, et des personnes fort respectables en sont témoins pour en avoir entretenu pendant longtemps une correspondance, etc.

J'ai à ajouter, Madame, que les choses contenues en ledit écrit ont été aussi vrai révélées et manifestées en les temps dont les dates sont données, qu'il est évident qu'on peut se convaincre de ce qu'il en a été écrit.

J'ai l'honneur d'être, Madame, de Votre Altesse Royale, etc.

Signé LACOSTE.

A Monsieur Dellard, curé d'Anglars.

Jouan, le 18 octobre 1823.

Monsieur,

Ayant eu le plaisir de vous voir en allant à Castelfranc le 6 du courant, je me rappelai vous avoir vu chez mon père, il y a plus de trente ans. Vous étiez, me dites-vous, son bon ami, ce qui me porte à croire que vous l'êtes aussi du fils. J'ai encore très présent qu'on vous donnait le mérite qui vous est dû et une érudition marquante, c'est ce qui m'engage à vous communiquer la plus grande des choses dont plusieurs de vos confrères ont connu depuis long temps en 1810. Le 14 janvier dernier, il fut adressé à M. de Saint-Leu, préfet de ce département, un écrit conforme à celui que je vous envoie ce jour, et le 29 mai et 9 juin derniers il en fut aussi adressé deux autres, l'un à Son Altesse Royale Madame, duchesse d'Angoulême, et l'autre à M. le préfet de la Gironde, à Bordeaux. Vous verrez les copies des lettres à eux écrites et ce que j'ai dit pour assurer la vérité de tout ce qui est exposé. Je voudrais, Monsieur, pouvoir vous en convaincre, afin que vous fissiez ce qui convient pour donner la plus grande publicité à des choses qu'on voit devoir être connues. Après avoir tout vu, si vous voulez me répondre, vous me ferez grand plaisir.

J'ai l'honneur d'être, Monsieur, votre très humble et obéissant serviteur.

Signé LACOSTE.

P. S. J'ajoute ici des particularités faisant partie du mémoire et lettres adressées à M. le curé de Grèzels.

Dans la nuit du 14 au 15 août 1807, des esprits célestes se manifestèrent, étant près de Bordeaux, en m'agitant et m'enlevant en l'air, et me parlant des mouvemens que feraient les armées françaises, de ce qui avait été dit en l'apparition du 16 mai 1785.

Dans la journée du 15 dit août, ces esprits célestes se manifestant aussi de temps en temps en m'agitant, ils me provoquèrent à aller dans les Landes de Bordeaux, et ils m'apparurent pendant le jour sous différentes formes humaines et m'y tinrent de la pointe du jour jusque vers midi, dans la journée du 16, jour du dimanche dit août 1807, et ils manifestèrent des choses miraculeuses. Quelques jours après étant venu en Querci, et étant chez mes parens à Grèzels, des esprits célestes me tracassaient tellement en m'agitant surnaturellement le vendredi 2 octobre 1807, susdite année, qu'ils me provoquèrent à aller jusqu'à Fumel, et de là me faisant retourner à Grèzels, ils se manifestèrent de la même manière que près de Bordeaux, en m'agitant, me parlant de temps en temps en l'air, et le plus ouvertement près de Touzac et dans la plaine de Puy-l'Evêque; et le lendemain, samedi 3 octobre, dite année 1807, étant de temps en temps agité à être enlevé en l'air, mes parens en furent si fort alarmés qu'ils envoyèrent chercher M. le curé de Grèzels. Après avoir présenté le mémoire à ce prêtre, le 27 février 1811, il lui fut écrit de Bordeaux pour lui rappeler le grand motif pour lequel il avait été appelé chez mes parens ledit samedi 3 octobre 1807. Il fut aussi rapporté audit mémoire qu'en l'apparition du 2 mars 1807, il avait été dit par un ange que toutes ces choses me seraient ainsi manifestées, et je serais ainsi agité surnaturellement dans le temps qui précèderait celui auquel me viendrait en mémoire Dieu avoir apparu le 16 mai 1785.

A Sa Majesté le Roi de France.

Paris, le 16 août 1824.

Sire,

J'ai l'honneur de vous transmettre ci-joint une explication sur l'apparition de Melchisédech, lorsqu'il bénit Abraham, avec un précis de sa constitution pour les peuples de l'univers, lorsqu'il le régira souverainement, ainsi que Jésus-Christ l'a annoncé en *S. Jean*, chap. 14. Votre Majesté verra dans le même manuscrit une notion sur la propriété et puissance des esprits célestes, le tout ayant été jusqu'à présent inconnu sur la terre. M. le comte Pozzo di Burgo, ambassadeur de Russie, étant prévenu de ce que j'ai l'honneur de vous adresser présentement, et du Mémoire que je vous envoyai le 20 mai dernier, veuillez, Sire, lui faire communiquer le tout s'il en demande copie.

J'ai l'honneur de prier Votre Majesté, au nom de Dieu, de vouloir prendre en considération ce que j'ai exposé et demandé à S. Exc. le ministre des affaires étrangères, baron de Damas, par ma lettre du 13 de ce mois, etc.

J'ai l'honneur d'être, Sire, de Votre Majesté, ce que Dieu veut.

Signé Lacoste.

Écrit adressé au Roi, le 16 *août* 1824, *avec la lettre ci-dessus.*

Jésus-Christ, au moment de quitter la terre, en faisant son ascension et en s'élevant à la vue de ses disciples, répondant à la demande qui lui était faite concernant le rétablissement du royaume d'Israël, il leur dit..... « Ce n'est pas à vous de connaître le temps et les momens que Dieu le père a réservés à sa divine puissance pour rétablir le royaume d'Israël. » Et il dit ailleurs : « Désormais je ne vous parlerai guère, car le Prince du Monde doit venir, dont les affaires me sont étrangères, et il n'a rien en moi qui le concerne. » *Actes des Apôtres*, chap. 1er, et *Evangile de S. Jean*, chap. 14

Dieu, créateur de toutes choses, s'explique dans l'Écriture touchant son heureux règne, qui lui est journellement demandé dans l'Oraison dominicale, en disant : « En ce temps, je serai propice à tous les hommes indistinctement à cause de mon Oint ; je les aurai tous en mon cœur, et je ne me rappellerai plus leurs iniquités ni leurs péchés, car ils seront tous en grâce devant moi. » Il est dit au Mémoire que j'ai présenté, que Dieu, créateur de toutes choses, apparaissant avec ses anges, le 16 mai 1785, mit la terre en vue aux anges telle qu'elle sera dans les siècles à venir; et ils la virent, là où en des endroits c'est à présent champ ou désert, remplie d'habitans et de nouvelles villes, tous les peuples de la terre unis entr'eux ne professant qu'une seule et même religion, tous les états dans l'opulence, le commerce et tous les arts dans la plus grande vigueur, tous les peuples de l'univers communiquant entr'eux avec la plus grande liberté, affranchis de toutes sortes d'impôts, gouvernés par le Prince du Monde, annoncé par Jésus-Christ en *Saint Jean*, chap. 14. Et ce Prince du Monde, qui sera Melchisédech, regardant tous les peuples de la terre comme une seule famille dont il sera le père, les affranchira pour toujours, selon l'esprit de Dieu, de toutes sortes d'impôts, ne voulant jamais que ses enfans soient mis en contribution, et il sera pourvu à tout par des dons volontaires. Il est exposé au Mémoire que j'ai présenté, que le 16 mai 1785 Dieu dit et fit sa promesse que le monde était sauvé, et qu'il ne périrait ni ne finirait jamais, et qu'il durerait éternellement ainsi que Melchisédech, que l'Écriture assure aussi être éternel, et Dieu en avoir fait serment.

J'ai rapporté en plusieurs écrits qu'il avait été rappelé à un prêtre la dispute que l'Église regarde comme la plus célèbre qui se soit élevée, qui est celle sur le sujet de Melchisédech, pour savoir d'où il sortait, et quel homme c'était. J'ai fait connaître en mes dernières lettres qu'il allait être révélé aux hommes par quel prodige un tel homme qui n'était pas encore né avait apparu sur la terre et béni Abraham. « Nous allons tous dire : comment est-il possible qu'un homme qui n'est pas né puisse paraître dans le monde? » Rien n'est impossible à Dieu; il voit le passé, le présent et l'avenir, et toutes les choses ainsi qu'elles sont en ces différens temps, et Dieu peut se servir de toutes choses passées et à venir à sa volonté, et Dieu se servit d'un homme qui n'était point encore né pour bénir Abraham, qu'il appela Melchisédech, qu'il prit de l'avenir comme il aurait pu le prendre du passé; car Dieu, en ce temps, aurait pu se servir de Noé, qui était du passé et mort, comme il aurait pu se servir de nous autres en ce temps, quoique nous ayons été environ quatre mille ans à venir, à dater de la bénédiction qu'Abraham reçut de Melchisédech.

Il est utile que les hommes sachent quelle est la

propriété et qualité des esprits célestes; ils peuvent prendre la forme et parfaite ressemblance des personnes, parler du même organe que lesdites personnes, et les imiter tellement que, si Dieu le permettait, on croirait être avec les personnes que nous connaissons, des esprits célestes en ayant pris la forme, et ils pourraient nous remplacer chez nous si Dieu ne l'empêchait. Les esprits célestes peuvent aussi prendre la forme de toutes sortes d'objets tant animés qu'inanimés (renseignemens que je dis de prendre à M. le curé de Grèzels, et expliquer). Il serait trop long d'expliquer en écrit ce que peuvent les esprits célestes sur l'esprit des hommes, en leur rappelant les choses oubliées, et leur faisant oublier tout ce qu'ils veulent à leur gré, etc.

Il sera dit plus tard de quelle famille était Melchisédech, et où il naquit.

(Adressé à Sa Majesté le Roi de France, Louis XVIII, le 16 août 1824, à Paris.)

Signé LACOSTE.

A M. Dellars, curé d'Anglars.

Jouan, le 18 octobre 1823.

J'ajoute ici des particularités faisant partie des Mémoire et lettres adressés à M. le curé de Grèzels. « Dans la nuit du 14 au 15 août 1807, des esprits célestes se manifestèrent, étant près de Bordeaux, en m'agitant et m'enlevant en l'air, et me parlant des mouvemens que feraient les armées françaises, de ce qui avait été dit en l'apparition du 16 mai 1785. Dans la journée du 15 dudit août, ces esprits célestes se manifestant aussi de temps en temps en m'agitant, ils me provoquèrent à aller, dans les Landes de Bordeaux, et ils m'apparurent pendant le jour sous diverses formes humaines, et m'y tinrent de la pointe du jour jusque vers midi dans la journée du 16, jour du dimanche dudit août 1807, et ils manifestèrent des choses miraculeuses. Quelques jours après étant venu en Querci, et étant chez mes parens, à Grèzels, des esprits célestes me tracassaient tellement en m'agitant surnaturellement, le vendredi 2 octobre 1807, susdite année, qu'ils me provoquèrent à aller jusqu'à Fumel, et de là, me faisant retourner à Grèzels; ils se manifestèrent de la même manière que près de Bordeaux, en m'agitant, me parlant de temps en temps en l'air, et le plus ouvertement près de Touzac, et dans la plaine de Puy-l'Evêque, et le lendemain, samedi 3 octobre de ladite année 1807, étant de temps en temps agité à être enlevé en l'air, mes parens en furent si fort alarmés, qu'ils envoyèrent chercher M. le curé de Grèzels. Il fut aussi rapporté audit Mémoire qu'en l'apparition du 2 mars 1807, il avait été dit par des anges que toutes ces choses me seraient ainsi manifestées, et je serais ainsi agité surnaturellement dans le temps qui précèderait celui auquel me viendrait en mémoire Dieu m'avoir apparu le 16 mai 1785, etc. »

Signé LACOSTE.

A Son Excellence le Ministre des affaires étrangères, baron de Damas.

Paris, le 17 août 1824.

J'ai l'honneur d'instruire Votre Excellence que

j'écrivis hier à Sa Majesté le Roi de France, et lui transmis le manuscrit de la très haute importance, dont je vous envoie un double. D'après l'argument donné sur l'apparition de Melchisédech, duquel nous connaissons l'immortalité par la Sainte-Écriture, et le serment que Dieu en a fait en l'assurant être éternel, on peut entrevoir d'où il sera, la Sainte-Écriture disant n'y avoir sur la terre qu'un immortel, qu'un Melchisédech. De fortes réponses et connaissances en sont données en ce qui est exposé au Mémoire que j'ai eu l'honneur d'adreser à Votre Excellence, que M.. votre secrétaire m'a dit, dimanche dernier, être entre vos mains, où l'on voit exposé ce qui fut dit par un ange le 2 mars 1807, de l'immortalité. Tout ce que d'autres esprits célestes en rapportèrent en août 1807, et en apparaissant ensuite sous diverses formes humaines dans les Landes de Bordeaux, le dimanche 16 août 1807, ainsi qu'il est exposé audit Mémoire, ne donnèrent pas en vain une séance d'environ huit heures cedit jour du dimanche. Ce qui en suivit, exposé audit Mémoire, se termine par un fait qui est incontestable, un prêtre ayant été mandé venir, ne le voulant point moi-même. On voit qu'il est dit en ce Mémoire qu'en ces manifestations de 1807 des esprits célestes me parlèrent des mouvemens que l'ex-empereur ferait faire aux armées françaises. J'ai communiqué à M. le comte Jean de Damas ce que j'écrivis au cardinal Fesch la veille du mariage de l'ex-empereur avec Marie-Louise, pour lui annoncer la fin des victoires de cet empereur. En octobre de la même année 1810, je dépeignis à cet empereur ce qu'il résulterait des guerres s'il en entreprenait encore. Le 11 février 1812, j'écrivis expressément au curé de Grézels, pressentant que cet empereur allait se plonger dans un déluge de maux avec ses armées, et m'imaginant que ce prêtre, qui connaissait le maréchal Bessières, pourrait en faire connaître à cet empereur. J'ignore ce que fit alors ce prêtre; mais après la campagne que cet empereur fit en Russie, en cette même année 1812, ce prêtre me manifesta avoir une grande horreur des défaites de cet empereur. En mai 1813 je quittai Bordeaux, et fus chez mes parens en Querci : ce prêtre, instruit de mon arrivée, m'écrivit le 16 mai de ladite année 1813, et me dit : « Je ne puis plus correspondre avec vous, je n'en ai le pouvoir ni la volonté; je vous renvoie votre Mémoire et toutes les lettres que j'ai reçues de vous. » Je m'abstins de voir ce prêtre; mais quelques mois après je crus devoir lui témoigner quelque chose en ce que je lui avais exposé, à quoi cet empereur avait si bien répondu par sa dernière campagne en Russie; et le 24 août 1813, écrivant à ce prêtre, je lui dis : « Dans tout ce que je vous écrivis et ce que vous avez vu, il en est beaucoup pour en bien connaître; je souhaite, Monsieur, que vous vous y soyez pris de telle sorte à n'avoir rien à vous reprocher : ici, je le répèterai encore, j'ai fait tout ce que j'ai cru devoir faire jusqu'à présent. » Ce prêtre me dit dans la réponse qu'il me fit : « Calmez votre esprit pour la satisfaction de vos amis et pour l'attachement que vous devez à vos parens. »

Mais ce n'est point la prédiction du détrônement de cet empereur qui occasionna les manifestations de 1807; il ne fut parlé de cedit détrônement qu'à l'occasion de ce qui est rapporté audit Mémoire des particularités des âges, et dit : « Tu seras en tel endroit, en tel temps, et Bonaparte sera alors détrône. » Je dois aussi faire connaître à Votre Excellence que, dans tout ce qui m'est venu, je dois être vu et connu dans les différentes parties du monde. J'ai idée d'aller bientôt en Russie. Je prie Votre Excellence d'en communiquer à S. Exc. l'ambassadeur de ce grand état (à qui j'ai écrit en ce mois) afin qu'il m'en facilite le voyage, et Votre Excellence voudra bien me dire ce que j'ai à faire. Je la prie aussi, au nom de Dieu, de communiquer à tous les ambassadeurs des puissances étrangères qui sont à Paris, tout ce que j'ai eu l'honneur de vous adresser et vous adresse aujourd'hui. Votre Excellence m'obligera aussi bien de vouloir, après que MM. les ambassadeurs auront connu tout ce que je vous ai adressé, demander à certains des états par où je passerai, qu'ils voulussent me donner des lettres pour leurs souverains. J'ai l'honneur de prier aussi Votre Excellence de vouloir faire insérer dans les journaux une notion du Mémoire que j'ai adressé à Sa Majesté, pareil au vôtre, et qui contint des principales choses exposées, et de parler à Sa Majesté pour qu'elle me facilite ledit voyage, des choses incontestables arrivées en ce que j'ai exposé, étant des motifs assez puissans pour faire entrevoir que tout ce qui est dit devoir être sera. Dieu vous bénira.

J'ai l'honneur d'être, à votre égard, tout ce que Dieu veut.

Signé Lacoste.

Grand Catéchisme historique, Leçon XVIe.

Dieu déclara à David que l'honneur de bâtir un temple était réservé à son fils, et lui promit en même temps que sa postérité règnerait éternellement sur le peuple fidèle. C'est donc un renouvellement d'alliance que Dieu fit avec ce saint Roi; car il promit aussi de donner un repos éternel à son peuple (*Psalm.* 130). Dieu découvrit en même temps à David de plus hauts mystères; il lui révéla que le Sauveur des hommes serait de sa race, qu'il serait Roi, qu'il règnerait non-seulement sur la Maison d'Israël, mais encore sur toutes les nations de la terre, et que son règne n'aurait point de fin; qu'il serait pontife, non selon l'ordre d'Aaron, mais selon l'ordre de Melchisédech, plus ancien que la loi écrite, qu'il serait fils de Dieu et Dieu lui-même. Tout cela fut révélé à David. Mais il lui fut aussi révélé que le Sauveur, avant que d'arriver à sa gloire, souffrirait de grandes afflictions dont celles de David n'étaient qu'une légère peinture. Depuis ce temps, les Israélites nommèrent le Sauveur qu'ils attendaient Messie ou Christ, c'est-à-dire Oint ou Sacré.

Suite de l'écrit adressé au Roi, le 16 août 1824, à Paris; en lequel il est dit, qu'il serait trop long d'expliquer en écrit ce que peuvent les esprits célestes sur l'esprit des hommes, en leur rappelant les choses oubliées, et leur faisant oublier tout ce qu'ils veulent à leur gré.

Oui, ils font oublier tout ce qu'ils veulent aux hommes, ils voient et pénètrent leurs plus secrètes pensées, ils s'insinuent en eux, leur persuadent ce qu'ils veulent, leur inspirent la confiance et la méfiance, la crainte, la terreur, la paix, la tranquillité, la haine, l'aversion, la douceur, l'amitié, en un mot ils font des hommes ce qu'ils veulent. On ne peut se faire une idée de leur force et puissance. En ce qui a été rapporté, révélé en 1807, il est dit que le plus inférieur des esprits célestes, renverserait le monde aussi vite et facilement qu'on ferme un livre ouvert, parce qu'ils voient la structure du globe soutenu par la puissance divine.

J'ai rapporté dans le même dit écrit adressé à Sa Majesté, que les esprits célestes peuvent par leur propriété, prendre la forme et parfaite ressemblance des personnes et parler du même organe que lesdites personnes, et qu'ils peuvent aussi prendre la forme de toutes sortes d'objets tant animés qu'inanimés, c'est-à-dire, qu'ils peuvent se transformer en oiseau, en meuble, en arbre, en plante, en vase, en pain, en vin, en étincelle, en atome, en fleuve, en montagne, en feu, en étoile, en soleil, en terre, et en un mot en toutes sortes d'objets. Les âmes des hommes ont la même propriété que les anges, et elles peuvent comme eux prendre les mêmes dites formes et transformations. L'âme de l'homme, séparée du corps, c'est-à-dire après la mort, a la même propriété que les anges et autres esprits célestes, pour ce qui est de se transformer. Mais quant à l'homme, nous voyons que par sa propriété il ne peut que se mouvoir et parler sur cette terre, et qu'en cessant de vivre le corps n'est plus rien, ou peu de temps après un peu de terre. Mais son âme, après la mort, pourrait en prendre la parfaite ressemblance, comme la ressemblance de toute autre personne vivante ou morte, et l'âme peut aussi prendre la forme de toutes sortes d'objets inanimés, comme de pain, de vin, de l'eau, enfin comme il est dit ci-dessus des anges et autres esprits.

Quelle incompréhensibilité de Dieu, ne voyons-nous pas en une seule de ses œuvres, un esprit apparaissant sous la forme d'un atome, d'une étincelle, cette même étincelle se transformera dans l'instant en le plus grand fleuve qu'on puisse voir, en montagne et en un corps si volumineux qu'il remplirait l'univers, obstruerait les astres, obscurcirait l'air, le jour, et nous priverait de la lumière du soleil.

Si Dieu veut se manifester et apparaître sur la terre sous une figure humaine, les hommes auxquels Dieu apparaîtrait, le verraient en croyant voir un homme; mais Dieu en apparaissant sous une figure humaine sur la terre, il se trouve en sa présence et à sa volonté dans le lieu de la terre où Dieu apparaît. Les personnes de l'univers de quelque extrémité du monde qu'elles soient, et les anges étant au ciel, se trouvent également en présence de Dieu, à sa volonté dans le lieu de la terre où Dieu veut apparaître. Si Dieu apparaît dans une maison, sur la terre, dans la chambre où Dieu apparaît, il s'y trouve à sa volonté les anges du ciel et aussi les personnes de l'univers de quelque extrémité du monde qu'elles soient, et il se trouve dans cette chambre où Dieu apparaît, à sa volonté, tous les anges du ciel et aussi les personnes de l'univers entier de quelque extrémité du monde qu'elles soient, toutes les créatures célestes et aussi toutes les personnes de l'univers entier, et si petite que soit la chambre où Dieu apparaît, elle est assez grande pour contenir toutes les créatures célestes et toutes les personnes de l'univers entier, Dieu y apparaissant. L'univers avec tout ce qu'il renferme n'est rien devant Dieu; ni les anges du ciel et toutes ces choses ne sont qu'autant que Dieu veut qu'elles soient. Dieu ayant créé toutes ces choses de rien, il peut créer des mondes plus étendus que l'univers, et en créer en si fort nombre, qu'il serait impossible à l'homme de les compter, et tous ces univers ne seraient rien et moins que des points dans l'immensité de Dieu.

Dieu ayant voulu, pour donner du poids à son ouvrage, mettre six jours pour créer le globe où nous sommes placés et le ciel, aurait créé s'il avait voulu toutes ces choses en un instant, et à sa parole tout aurait été ainsi que c'est.

A la parole de Dieu, tout ce qui est créé s'anéantit et se réalise; tout meurt et se vivifie; les pierres s'animent et se transforment en hommes. A sa parole, la terre va se couvrir de toutes sortes d'animaux, des nuages de toutes sortes d'oiseaux rempliraient tellement les airs, que le temps s'en obscurcirait. A sa parole, les métaux les plus grossiers sont changés en or le plus pur, les pierres se changent en les plus précieux diamans. Là où il n'y a aucun espace pour les hommes, l'immensité même s'y trouve avec Dieu, et à sa parole des millions de monde vont s'y élever, les champs vont s'y couvrir d'une multitude d'arbres des plus excellens fruits, la faim de l'homme s'appaise, et il n'a plus besoin de manger.

Comment les hommes pourraient-ils définir l'immensité de Dieu, tandis qu'il ne se connaît pas lui-même dans sa puissance.

Dieu voit les hommes du passé et de l'avenir comme les hommes du présent; et si Dieu voulait mettre en vue les hommes du passé et ceux de l'avenir, les hommes du présent les verraient tels qu'ils ont été et seront, et Dieu voyant toujours ce qui a existé et doit exister, le mettrait en vue tel qu'il a été et sera à sa volonté.

Dieu voit tous les âges de l'homme ou tel qu'il a été et sera dans le cours de sa vie, et Dieu met en vue à sa volonté l'homme dans tous ses différens âges à-la-fois présentement.

L'incompréhensibilité de Dieu se manifeste en toutes choses. Les temps tels qu'ils sont réglés se prolongent à la volonté de Dieu; l'heure en fait plusieurs, et en étant toujours la même et plusieurs heures dans une seule, sont aussi longues que l'heure ordinaire.

A la volonté de Dieu, les montagnes s'écroulent, les abîmes s'élèvent, le plus haut est le plus bas, le dessus est le dessous. A sa volonté, l'Océan s'élève en l'air et nous donnerait asile dans ses flots impétueux.

Le serpent qui tenta la première femme Ève, a été le sujet d'un grand nombre de dissertations et de raisonnemens. Beaucoup de personnes d'un esprit borné, et d'autres d'un esprit appelé fort, n'ont pu croire à ce point fondé sur la vérité de la sainte Écriture, et en se persuadant qu'un reptile, un serpent ne parlait point. Plusieurs docteurs chrétiens, prêtres et pères de l'Eglise, ont aussi discouru et raisonné sur cet enseignement aussi essentiel; et certains ont conclu en émettant dans leurs ouvrages que le serpent étant un animal fin et rusé, le démon s'en était servi pour tenter Ève. En des lettres que j'adressai à plusieurs évêques de France en 1810, concernant la grande révélation de 1807, je traitai sur l'importance de cette matière, et je leur dis en simples mots que ce n'était point d'un serpent que le démon s'était servi, mais qu'il avait lui-même pris la forme de serpent, et ce serpent qui tenta Ève était le démon même sous cette forme. En l'écrit de la très haute importance adressé à Sa Majesté le Roi de France, le 16 août 1824 à Paris, où il est traité de la propriété des esprits célestes et concernant les formes qu'ils peuvent prendre, il est dit qu'ils se transforment en toutes sortes de personnes et d'objets tant animés qu'inanimés à leur gré, et ce assuré en plusieurs autres écrits, et dit le connaître pour avoir plusieurs fois vu des anges sous diverses formes et autres esprits, et se transformer en apparaissant.

Lettre à Son Excellence le grand-maître de l'Université de France, évêque d'Hermopolis.

Paris, le 27 mai 1824.

Si vous voulez, Monseigneur, conférer avec moi sur un mémoire qui fut remis à monseigneur l'évêque de Perpignan en avril dernier, et adressé à Sa Majesté le Roi de France le 20 de ce mois, je me rendrai là où vous voudrez à l'heure indiquée, etc.

J'ai l'honneur d'être,

Signé LACOSTE.

Copie de la lettre de Son Excellence le grand-maître de l'Université de France, évêque d'Hermopolis, en réponse à ma lettre de l'autre part.

GABINET DU GRAND-MAÎTRE. — UNIVERSITÉ DE FRANCE.

Monsieur,

Le Grand-Maître regrette de ne pouvoir accéder au désir exprimé dans la lettre que vous lui avez fait l'honneur de lui écrire en date du 27 mai; il a si peu de momens à lui qu'il lui sera impossible de vous recevoir.

Veuillez, Monsieur, vous expliquer par écrit, vous pouvez compter que le Grand-Maître fera beaucoup d'attention à l'affaire dont vous vous étiez proposé de l'entretenir.

Paris, 4 juin 1824.

M. Lacoste, hôtel de la Providence, passage des Messageries Royales, rue Montmartre.

A Lord Trimlestow, à Paris, rue Taitbout, No. 30.

Avril 1824.

Lord,

Je ne puis m'empêcher de vous manifester le désir que j'ai que vous ayez une copie du mémoire que j'ai adressé dans ce mois à monseigneur l'évêque de Perpignan, et qui nous intéresse tous. Vous en auriez une, je n'en doute, fort facilement, en la faisant demander à mon nom, à un de mes cousins qui est à la tête du séminaire, rue de Picpus, n°. 15, faubourg St.-Antoine, qui est un jeune homme prêtre, et se nomme comme moi, Lacoste, neveu aussi de M. Delile, mon oncle, et votre ancien ami, et de M. le comte de Barnawal votre père. Monseigneur l'Evêque dont je vous parle est à présent à Paris, logé dans le même établissement où est mon cousin, où il y a même un nombre de prêtres de votre pays d'Irlande, et dont le supérieur, qui est aussi d'Irlande, est fort estimable. Tâchez de connaître ce mémoire, et je suis sûr que vous en aurez une grande satisfaction; je le désire beaucoup.

P. S. Des protestans l'ont reçu.

J'ai l'honneur d'être,

Lord,

Votre très humble et obéissant serviteur,

Signé LACOSTE.

A Monsieur le marquis d'Escayrac, chez M. Portal, pair de France, à Paris.

Paris, le 23 août 1823.

Mon cher Cousin,

Je vais vous faire instruire si vous voulez de la plus majestueuse des choses dignes de vous combler de joie, et de laquelle tous les peuples de l'univers recevront les plus grands bienfaits, tant en ce monde qu'en l'autre vie. Une grande notion en a été donnée à Sa Majesté le Roi de France le 20 mai et 16 août de cette année, et après à S. Exc. le ministre des affaires étrangères, baron de Damas. J'en fis aussi connaître à MM. les maires de Paris par M. le maire du troisième arrondissement, chargé d'en communiquer à MM. les autres maires; de quoi déclaration a été faite à MM. les préfets de la Seine et de police, le 16 de ce mois. J'en donnai aussi connaissance à S. Exc. le maréchal Macdonald les 18 et 19 de ce mois. Si vous prenez connaissance de toutes ces choses, je vous prie, mon cher cousin, d'en communiquer à M. Portal votre beau-père, à M. le comte d'Autichamp votre oncle, et même de donner autant de publicité que vous verrez devoir à ces choses qui doivent être connues.

Aucune personne de bien ne pourra faire motif d'animosité, parce qu'il est dit en ce que j'ai présenté. Je dois être attaché indistinctement à tous les hommes de quelque religion qu'ils soient, et je suis étranger à leurs opinions quelles qu'elles soient. Il n'y aura qu'une seule religion dans le monde, et tous les hommes auront la même opinion.

Je vous salue, mon cher Cousin, et vous suis fort attaché.

Signé LACOSTE.

P. S. Je pars dans les premiers jours; si vous voulez me répondre, je suis logé, etc.

Grand Catéchisme historique.

Leçon XVIe. de David et du Messie.

Dieu déclara à David que l'honneur de bâtir un

temple était destiné, réservé à son fils, et lui promit en même temps que sa postérité règnerait éternellement sur le peuple fidèle. C'est donc un renouvellement d'alliance que Dieu fit avec ce saint Roi, car il promit aussi de donner un repos éternel à son peuple. (Psal. CXXX.) Dieu découvrit en même temps à David de plus hauts mystères; il lui révéla que le Sauveur des hommes serait de sa race, qu'il serait Roi, qu'il règnerait non seulement sur la maison d'Israël, mais encore sur toutes les nations de la terre, et que son règne n'aurait point de fin; qu'il serait pontife non selon l'ordre d'Aaron, mais selon l'ordre de Melchisédech, plus ancien que la loi écrite; qu'il serait fils de Dieu et Dieu lui-même. Tout cela fut révélé à David; mais il lui fut aussi révélé que le Sauveur, avant d'arriver à sa gloire, souffrirait de grandes afflictions, dont celles de David n'étaient qu'une légère peinture. Depuis ce temps, les Israëlites nommèrent le Sauveur qu'ils attendaient, Messie ou Christ, c'est-à-dire oint ou sacré.

Leçon XVII.

Entre les enfans de David, Salomon fut choisi de Dieu pour régner après lui et pour être l'image du Messie dans sa gloire, car il régna toujours en paix.

A Son Excellence le Grand-Maître de l'Université de France, évêque d'Hermopolis.

Paris, le 23 juillet 1824.

On ne peut douter qu'il n'y ait plus des trois quarts de la population des quatre parties du monde qui sont idolâtres ou mahométans, et qu'en l'autre partie il n'y en a pas la moitié de la religion catholique. Je me tais même sur les incrédules modernes de cette partie de catholiques, dont à peine la dixième ne remplit pas depuis la révolution les devoirs que cette religion prescrit. Si des prêtres trouvaient qu'il ne fût pas utile que Dieu accomplît ses promesses en ce qu'il a été dit par Jésus-Christ du rétablissement du royaume d'Israël (actes des apôtres, chapitre 1er., et Evangile selon saint Jean, chapitre 14), qu'ils réfléchissent sur ce qu'il est dit ci-dessus de la vérité des diversités de religions, peut-être s'en trouvera-t-il quelqu'un que le grand zèle pour la religion portera à dire qu'il faut combattre tous ces infidèles et idolâtres. Mais qu'ont pu faire les combats de dix-huit siècles? Il n'y a que Dieu, que lui seul, à qui il soit réservé de réunir toutes ces religions à une seule, ainsi qu'il l'a manifesté, etc.

Signé LACOSTE.

A Monsieur le comte Jean de Damas, premier gentilhomme de la Chambre du Roi.

Paris, le 3 août 1824.

Monsieur le Comte,

J'ai l'honneur de vous faire savoir que le mémoire que vous me fîtes remettre hier à St.-Cloud a été adressé aujourd'hui à MM. les maires de la ville de Paris, avec la copie de ma lettre à vous-même d'hier, etc. J'ai l'honneur de vous faire connaître ci-après ce qui fut écrit au cardinal Fesch, archevêque de Lyon, la veille du mariage de l'ex-empereur avec Marie-Louise, ce qui n'est point exposé audit mémoire. « Voilà donc votre neveu, Monsieur l'Archevêque, au plus haut faîte de sa gloire et de sa puissance; comme les autres hommes, avant 1807, j'ai pu être imbu de la fatuité de ses victoires; s'il connaissait l'esprit de Dieu et qu'il ne veut pas de bouleversement sur la terre, il mettrait un frein à son ambition démesurée, et je crois même qu'en connaissant toutes choses il ne voudrait pas du tout de couronne. La manière odieuse dont il a usé contre le Roi d'Espagne, révolte tous les esprits justes. Il ne retirera jamais de son frère ce qu'il eût pu avoir de ce malheureux Roi; il pourrait peut-être appaiser la vengeance Divine en le remettant sur le trône. La révolution française étant l'ouvrage des démons, la Famille des Bourbons qui régnait en France en est la victime; il devrait la rappeler de son exil; et, puisqu'il va être allié avec l'empereur d'Allemagne, qu'il fasse que l'Italie lui soit donnée. Quel que soit le nombre de ses armées formidables, jamais je ne l'ai cru si faible qu'à présent que je connais, depuis des apparitions en 1807, que le moindre des esprits célestes renverserait aussi vite et facilement le monde qu'on ferme un livre ouvert, si Dieu le permettait. Employez votre ministère et crédit auprès de l'Empereur votre neveu, Monsieur l'Archevêque, pour le faire changer en ses desseins et lui persuader ce que je vous expose. »

A cette même époque j'écrivis à MM. l'archevêque de Bordeaux, l'évêque de Cahors et les grands-vicaires du diocèse de Poitiers, pour des causes révélées en 1807, etc.

J'ai l'honneur d'être, Monsieur le Comte, etc.,

Signé LACOSTE.

A Monsieur de Gozon, député et maire de Sceaux.

Sceaux, le 3 mars 1826.

Monsieur,

Je suis venu chez vous pour avoir l'honneur de vous voir, et je n'ai pas le bonheur de vous rencontrer, car on me dit que vous êtes en voyage depuis hier pour Gourdon. Vous m'obligeriez de me dire, par quelque mot d'écrit à votre retour, si vous allez à Paris en cette année, et si vous avez vu M. le préfet du Lot depuis que vous avez reçu le paquet que j'ai eu l'honneur de vous envoyer me trouvant à Floressas, et que M. Lathèze m'a assuré vous avoir été livré à vous-même. Si vous en avez conféré avec M. le préfet ou quelque autre personne, vous me feriez grand plaisir de me dire quelque chose du résultat de l'entretien que vous pouvez en avoir eu. Je compte partir le plus tôt possible pour Paris, et je désire bien avoir votre réponse avant mon départ et de suite, à votre retour de Gourdon, si vous voulez bien, etc.

J'ai l'honneur d'être, Monsieur, etc.

Signé LACOSTE.

Lettre de M. Gozon, député et maire de Sceaux.

Paris, 2 juin 1824.

Monsieur,

J'ai reçu le Mémoire que vous avez eu la bonté de m'envoyer. Je me ferai un grand plaisir d'en prendre lecture. Je ne doute nullement du vif intérêt qu'il m'inspirera.

Je suis, Monsieur, avec des sentimens bien sincères,

Votre très affectionné serviteur,

Signé Gozon.

Adresse. Monsieur Lacoste, hôtel de la Providence, passage des Messageries royales, rue Montmartre, à Paris.

Pour Messieurs les Maires de la ville de Paris, et directement à Monsieur le Maire du troisième arrondissement.

Paris, le 3 août 1824.

Messieurs,

Je crois devoir vous instruire d'un Mémoire que j'adressai à Sa Majesté le Roi de France, le 20 mai dernier, dont une copie était entre les mains de M. l'évêque de Perpignan, alors à Paris; de quoi dénonce fut faite à M. l'Archevêque de Paris, le 19 avril dernier.

Par la copie de ma lettre à M. le comte Jean de Damas, gentilhomme de service de Sa Majesté, vous verrez le grand motif de ma présentation chez Sa Majesté, au château royal de Saint-Cloud. Je désire, Messieurs, que toutes les autorités de cette grande cité, tant supérieures qu'inférieures, soient instruites de ce que j'ai l'honneur de vous adresser. Je vous demande, Messieurs, au nom de

Dieu, votre protection, et que vous donniez la publicité à ce que j'expose, ainsi que vous croirez devoir.

J'ai l'honneur d'être,

Messieurs,

Votre très humble et obéissant serviteur,

Signé Lacoste.

P. S. Le grand-maître de l'Université de France, évêque d'Hermopolis, et son Secrétaire-général, connaissent ledit Mémoire, et ils en ont conféré avec moi de vive voix et en écrit.

J'ai cru convenable d'adresser directement le paquet à M. le Maire du troisième arrondissement, dans lequel je demeure, et ai l'honneur de le prier de le communiquer à messieurs les autres Maires de Paris.

A Messieurs les Préfets du département de la Seine et de Police de Paris.

Paris, le 16 août 1824.

Monsieur le Préfet,

J'ai l'honneur de vous apprendre que, le 3 de ce mois, j'adressai un paquet pour MM. les Maires de la ville de Paris, et directement à M. le Maire du troisième arrondissement, dans lequel j'ai pris logement, et je priai MM. les Maires de vous le communiquer, afin que vous prissiez copie de toutes les pièces qu'il renfermait. Je vous apprends encore que, le 20 mai dernier, je fis connaître à Sa Majesté le Roi de France ce que contenait ledit paquet, et qu'aujourd'hui je lui ai adressé un manuscrit des plus intéressans, dit Explication sur l'apparition de Melchisédech, précis de sa constitution pour régir le monde, et notion sur la propriété et puissance des esprits célestes. Je vous prie, Monsieur, de prendre connaissance de toutes ces grandes choses et de leur donner la publicité que vous voudrez. Mes nom et demeure sont donnés chez Sa Majesté et au Ministère des affaires étrangères, où tout ce dont je vous parle est connu. Veuillez, je vous prie, me donner votre protection.

J'ai l'honneur d'être, Monsieur le Préfet, etc.

Signé LACOSTE.

P. S. Une même lettre a été écrite à M. le Préfet du, etc.

A Son Excellence le Ministre de la Maison du Roi.

Monseigneur,

J'ai l'honneur de vous faire connaître que, le 20 mai dernier, j'adressai à Sa Majesté le Roi de France un Mémoire, et que, le 16 de ce mois, j'ai eu l'honneur de lui envoyer de plus un écrit de la plus haute importance, faisant partie dudit Mémoire. J'ai des choses à ajouter de vive voix en présence de Sa Majesté; d'après quoi, et des conseils qui m'ont été donnés tout récemment au Ministère des affaires étrangères par M. le Secrétaire de Son

Excellence, j'ai l'honneur de vous écrire, Monseigneur, pour vous prier de me faire accorder une audience de Sa Majesté, lorsque vous voudrez, et d'avoir la bonté de m'écrire pour me dire ce que vous voudrez et aurai à faire. Je suis logé à l'hôtel de la Providence, passage des Messageries royales, rue Montmartre.

Je ferai, Monseigneur, tout ce que vous aurez la bonté de me dire.

J'ai l'honneur d'être, de Votre Excellence,

Le très humble et obéissant serviteur,

Signé Lacoste.

Paris, le 20 août 1824.

A Son Excellence le maréchal Magdonald, duc de Tarente, chancelier.

Paris, le 18 août 1824.

J'ai l'honneur d'instruire Votre Excellence qu'un Mémoire de la plus haute importance fut adressé par moi-même à S. M. le Roi de France, le 20 mai dernier, et que le 16 de ce mois je lui ai adressé de plus un manuscrit faisant partie du susdit Mémoire, des plus intéressans pour tous les peuples du monde, en léquel est donnée une explication sur l'apparition de Melchisédech; un Précis de sa constitution pour régir le monde, et des notions snr la propriété et puissance des esprits célestes. Une copie a été envoyée à S. Exc. le ministre des affaires étrangères, et déclaration en a été faite le 16 de ce mois à MM. les préfets de la Seine et de Police.

J'ai l'honneur de prier Votre Excellence de prendre connaissance et copie de toutes les pièces énoncées, et d'en faire connaître comme de droit à MM. les maréchaux et généraux, et à tout militaire quel que soit son rang. Des choses évidentes arrivées, en ce que j'adressai à Sa Majesté et à Son Exc. le ministre des affaires étrangères, manifestent que tout sera ainsi qu'il est exposé avoir été annoncé par des anges.

On n'emploiera plus le canon ni la force des hommes pour combattre. Que l'airain se change en papier; que la mèche soit la plume. La parole de Dieu, qui vole avec la rapidité de l'éclair, va vous faire remporter des victoires inouïes; il ne sera aucun juste Roi qui ne s'honore de recevoir les ordres de l'envoyé du Très-Haut, qui doit toujours être.

Recevez pour vous et tous ceux de l'état militaire, Monsieur le Maréchal, la bénédiction du Seigneur, que je vous souhaite.

J'ai l'honneur d'être, à votre égard,

tout ce que Dieu veut,

Signé LACOSTE.

MINISTÈRE DE LA MAISON DU ROI.

SECRÉTARIAT.

Lettre. — Réponse de S. Exc. le ministre de la Maison du Roi à ma lettre de l'autre part.

Paris, le 23 août 1824.

J'ai reçu, Monsieur, la lettre que vous m'avez écrite pour me témoigner le désir d'obtenir une audience particulière du Roi, et je m'empresse de vous faire connaître que c'est à M. le premier gentilhomme de la Chambre de Sa Majesté que vous devez vous adresser pour en faire la demande.

Le Ministre-Secrétaire-d'État de la Maison du Roi,

Signé Duc de Doudeauville.

M. Lacoste, hôtel de la Providence, passage des Messageries royales, rue Montmartre.

A Monsieur le président du Tribunal et Chambre de commerce de Paris.

Paris, le 23 août 1824.

Monsieur le Président,

Le commerce qui, dans les temps futurs, doit jouir de la plus grande considération, branche si utile à toutes les classes des peuples, doit connaître présentement ses prérogatives et bienfaits, dont il sera favorisé d'en haut. Tous ses grands avantages sont spécialement émis en un Mémoire que j'adressai à S. M. le Roi de France le 20 mai dernier, et en un manuscrit aussi à elle-même adressé le 16 de ce mois, en lequel il est dit : « Dieu créateur de toutes choses, apparaissant le 16 mai 1785, avec les anges, mit la terre en vue aux anges, telle qu'elle sera dans les siècles à venir, et ils la virent là où en des endroits c'est à présent champ ou désert, remplie d'habitans et de nouvelles villes. Tous les peuples de la terre, unis entr'eux, ne professent qu'une seule et même religion ; tous les Etats dans l'opulence, le commerce et tous les arts dans la plus grande vigueur; tous les peuples de l'univers communiquant entr'eux avec la plus grande liberté, affranchis de toutes sortes d'impôts; gouvernés par le Prince du monde annoncé par Jésus-Christ, en Saint-Jean, chap. 14, et ce Prince du monde, qui sera Melchisédech, regardant tous les peuples de la terre comme une seule famille, dont il sera le père, les affranchira pour toujours de toutes sortes d'impôts, ne voulant jamais que ses enfans soient mis en contribution, et il sera pourvu à tout par des dons volontaires, etc. »

J'ai l'honneur de vous faire aussi connaître, Monsieur le Président, qu'un même Mémoire en manuscrit, qui est des plus intéressans, a été remis à S. Exc. le ministre des affaires étrangères dans ce mois; que j'en envoyai une copie à M. le maire du troisième arrondissement, à Paris, dont déclaration de tout a été faite le 16 de ce mois à MM. les préfets de la Seine et de Police, ainsi qu'à S. Exc. le maréchal Macdonald. Je vous engage, Monsieur le Président, à demander copie de toutes ces choses et d'en faire connaître comme de droit.

J'ai l'honneur d'être, etc.,

Signé Lacoste.

A S. Exc. le comte Pozzo di Borgo, Ambassadeur de Russie à Paris.

Paris, le 14 août 1824.

Monsieur l'Ambassadeur,

Tous les potentats, avec tous les peuples de l'Univers, vont voir l'accomplissement des promesses de

Dieu le père, en ce que Jésus-Christ dit que le royaume d'Israël sera rétabli, et qu'il n'avait guère plus à parler sur la terre, ce devant être le prince ou roi du Monde à accomplir ce qu'il taisait.

(En S. Jean, chap. 14, et Actes des apôtres, chap. 1er.)

Il a été exposé en un Mémoire adressé à S. M. le roi de France, le 20 mai dernier, que ce roi du Monde sera Melchisédech, qui bénit Abraham, que l'Ecriture assure être immortel, et dont l'Eglise dit n'avoir pas encore été connu sur la terre d'où sortait ce Melchisédech, ni quel homme c'était. En une lettre que j'adressai au château royal de Saint-Cloud, dans la semaine dernière, je dis qu'il allait être révélé aux hommes par quel prodige un tel homme apparut sur la terre, qui n'était point encore né lorsqu'il bénit Abraham.

J'adresserai, dans les premiers jours, à S. M. le roi de France, un argument sur l'apparition de Melchisédech sur la terre dans le temps d'Abraham, et plus tard d'où il sortait et quelle était sa famille.

A cet argument, que je me propose d'adresser à Sa Majesté, sera joint un précis de la constitution de Melchisédech pour tous les peuples de la terre, qui ne doivent faire qu'une famille, selon la promesse de Dieu, plusieurs fois faite à nos pères. Lorsque ce sera entre les mains de Sa Majesté, je désire, Monsieur l'ambassadeur, que vous en preniez connaissance, et aussi dudit Mémoire dont j'adressai hier une copie à S. Exc. le ministre des affaires étrangères, baron de Damas. M. le maire de l'arrondissement où je reste, qui est le troisième, a une copie dudit Mémoire, et aussi d'autres pièces que je lui ai adressées, que vous auriez grand intérêt, Monsieur l'ambassadeur, à connaître. Lorsque vous connaîtrez le tout, je désire que vous le communiquiez à S. M. l'empereur de toutes les Russies, et que par elle il en soit fait connaître dans les quatre parties du Monde. Si j'ai besoin de votre protection, je vous prie, Monsieur l'ambassadeur, de me la donner. Vous pouvez vous adresser aussi directement à moi-même pour connaître ledit Mémoire qui a été adressé au Roi, etc.

J'ai l'honneur de vous saluer, Monsieur l'Ambassadeur, avec la plus intime cordialité,

Signé P. LACOSTE.

Notes fort intéressantes.

Le premier homme que Dieu créa, Adam, a vécu 56 ans avec Lamech, père de Noé.

Noé a vécu 128 ans avec Tharé, père d'Abraham.

Sem a vécu 150 ans avec Abraham, et 50 ans avec Isaac, et Isaac 33 ans avec Lévi, qui a été le père ou l'aïeul de la mère de Moïse, nommée Jocabed, et laquelle assurément Lévi avait vue; il est visible que Moïse n'a rien écrit qui ne fût encore dans la mémoire de tous les hommes, puisqu'il n'était éloigné d'Adam que de quatre ou cinq générations.

Jacob a vécu de même avec ceux qui en avaient connu d'autres qui avaient vu le déluge, lequel par conséquent il ne pouvait pas ignorer, comme on ne pouvait pas ignorer au temps du déluge tout ce qui s'était passé à la création du monde, puisqu'il y avait beaucoup de gens qui en avaient vu d'autres qui avaient connu Adam même; ainsi Adam ne pouvait être inconnu à Noé et à Sem, ni ceux-ci à Abraham ou à Jacob, ni Jacob à Moïse, principalement en un temps où il n'y avait point d'autres histoires où les hommes pussent s'appliquer ou de quoi ils pussent s'entretenir.

Enos, petit-fils d'Adam, a vécu 84 ans avec Noé, et 695 ans avec son grand-père Adam.

(Transcrit de l'Ancien-Testament.)

L'apôtre saint Paul dit à sa septième Epître aux Hébreux :

Melchisédech était roi de Salem, prêtre de Dieu souverain, lequel vint au-devant d'Abraham, qui retournait de la défaite des rois, et le bénit; auquel aussi Abraham partagea les dîmes de toutes choses, lequel en premier lieu est interprété roi de justice, puis aussi de Salem, qui veut dire roi de paix. Sans père, sans mère, sans généalogie, n'ayant ni commencement de jours, ni fin, mais étant fait semblable au Fils de Dieu, demeure prêtre à jamais. Or, considérez combien est grand celui auquel le patriarche Abraham donna les dîmes des choses les plus précieuses, et a béni celui qui avait les promesses. Sans contredit, ce qui est moindre est béni par ce qui est meilleur; et ici des hommes qui meurent prennent les dîmes, mais là on assure qu'il vit. Les autres prêtres ont été en plus grand nombre, d'autant que par la mort ils ne pouvaient pas toujours durer; mais celui-ci parce qu'il demeure à un sacerdoce éternel. C'est pourquoi il peut sauver pour jamais ceux qui approchent de Dieu par son moyen, étant toujours vivant.

Extrait des Registres de l'église de Belaye.

L'an mil sept cent soixante-quinze, et le vingt-sept octobre, a été baptisé par moi, curé soussigné, M. Paul Lacoste, né la veille du susdit jour, du légitime mariage de M. Etienne Lacoste, bourgeois, et de demoiselle Antoinette-Constant Mariés, du village de Jouan, paroisse de Belaye; il a eu pour parrain M. Paul Constant, oncle maternel, du village de Cessac, paroisse de Doüelle; et pour marraine, demoiselle Marie Lacoste, tante paternelle, épouse de M. Ricard du Montat, paroisse de Prayssac.

Signés au registre: CONSTANT, LACOSTE, RICARD, JEAUFFREAU, *curé*.

Certifié conforme au registre, par nous, maire de la commune de Belaye, le treize novembre mil huit cent vingt-cinq.

J. BERCEGOL.

Vu pour légalisation de la signature ci-dessus de M. Bercegol, maire de la commune de Belaye.

A Cahors, le 24 décembre 1825.

Pour le préfet et par délégation,

Le Conseiller de préfecture,

A. RAYGASSE.

Imprimerie ANTHELME BOUCHER, rue des Bons-Enfans, n°. 34.

www.ingramcontent.com/pod-product-compliance
Lightning Source LLC
LaVergne TN
LVHW020334230826
846091LV00003B/866